ammann

Ralph Dutli

Ein Fest
mit Mandelstam

Über Kaviar, Brot und Poesie

Ein Essay zum 100. Geburtstag

Ammann Verlag

Sie haben Weine frisch vom Zapfen
Und Soßen, Suppen, fetten Fisch,
Pochierte Eier, Torten, Krapfen
Und sonst viel Gutes auf dem Tisch.
. . .
Die andern betteln nackt und bloß,
Sehn Brot nur in den Ladenfenstern.

FRANÇOIS VILLON, Testament XXX/XXXII

Ich hörte sagen: Selig, wen die Gnade
So sehr erleuchtet, daß die Essensliebe
In seiner Brust nicht raucht von der Begierde
Und er nur hungert nach dem rechten Maß!

DANTE, Purgatorio XXIV, 151-154

Alles Genießen, Zueignen und Assimilieren
ist Essen, oder Essen ist vielmehr nichts
als eine Zueignung. Alles geistige Genießen
kann daher durch Essen ausgedrückt werden.

NOVALIS, Die Enzyklopädie

NOCH KEINE VORSPEISE
Ein Vorwort

Zu Ossip Mandelstams 100. Geburtstag am 15. Januar 1991 möchte der Autor dieses kleinen Essays den Leser zu einem symbolischen Geburtstagsmahl bitten, zu welchem kein anderer als Ossip Mandelstam selber Speise und Trank beisteuern wird.

Was mich über die Jahre hin immer wieder überrascht hat, ist die Fähigkeit dieses vom Leben durch Verfolgung, Verhaftungen, Deportation, bis zum Tod im Zwangsarbeitslager geschundenen russischen Dichters, noch dem Kleinsten und Unscheinbarsten Poesie und Humor abzugewinnen, noch die kleinste Mahlzeit zu feiern, noch im Krümel das Ganze zu ahnen, die Fülle.

Mandelstams Werk stellt die Unterscheidung zwischen Essenz und Lappalie in Frage, preist oft das Kleine und bringt das Große arg in Verlegenheit. In einem der Gedichte von 1931 in *Mitternacht in Moskau* heißt es:

> *Und denkst du nach, was an die Welt dich bindet,*
> *Du glaubst dir selber nicht: nur kleiner Kram.**

* Ossip Mandelstam, MITTERNACHT IN MOSKAU, Die Moskauer Hefte, Gedichte 1930-1934. Ammann Verlag 1986, S. 103.

Was sich aus Mandelstams Werk zum Thema Essen und
Trinken beibringen läßt, überschreitet ständig die
Grenzen des Anekdotischen und Witzig-Alltäglichen
und führt ins Zentrum seiner Poesie, die sich als Hin-
wendung zum Leben versteht, als Feier des Diesseiti-
gen, Irdischen, Nahr- und Schmackhaften.

Es gibt Dichter, bei denen man kaum fündig würde,
und andere, bei denen das Thema des Essens und Trinkens nicht wegzudenken wäre.

Als Théophile Gautier 1834 eine kühne Rehabilitie-
rung des bis dahin als Galgenvogel und Krimineller
abgetanen Dichters François Villon (1431-1463?) un-
ternahm und prompt in einen Prozeß wegen Verstoß
gegen die guten Sitten verwickelt wurde, lenkte er zum
ersten Mal die Aufmerksamkeit auch auf das Essens-
thema bei Villon.

Er schreibt in dem Text, der später in die Essaysamm-
lung *Les Grotesques* (1844) einging, daß der Vers *Und
sehen Brot nur in den Ladenfenstern* (Et pain ne voient
qu'aux fenêtres) nur von einem Menschen stammen
könne, der mehr als einmal gehungert habe. Deshalb
wohl spreche Villon von jedem Lebensmittel, von allem
Eßbaren nur mit besonderer *Zärtlichkeit* und einem
eigentümlichen Respekt. Alle kulinarischen Details – und
sie sind zahlreich – würden von ihm liebevoll behandelt
und geradezu gehätschelt.

Mandelstam muß die Wichtigkeit dieses Themas bei

einem seiner Lieblingsdichter erkannt haben, denn er
schreibt in seinem Essay *François Villon* von 1913, der zu
einem guten Teil auch Selbstporträt ist:

*Der Mond und andere neutrale »Gegenstände« sind unwieder-
bringlich aus seinem dichterischen Haushalt verbannt. Dafür
lebt er sofort auf, wenn die Rede auf gebratene Enten an Soße
oder die ewige Glückseligkeit fällt, die zu erlangen er nie end-
gültig die Hoffnung verliert.* *

Die enge Nachbarschaft von *gebratenen Enten an Soße* und
ewiger Glückseligkeit suggeriert gewiß Villons – und
Mandelstams – entschiedene Diesseitigkeit. Der Satz
legt nahe, Villon habe sich unter *ewiger Glückseligkeit*
auch *gebratene Ente* vorstellen können, und umgekehrt:
der Entenbraten gebe ihm eine Idee davon, was Ewigkeit und Glückseligkeit sein könnte.

Der Satz bedeutet zudem, daß Essensdinge und alle
Lebens-Mittel nicht »neutrale« Gegenstände sind, sondern in poetischen Texten ihre besondere Aura haben.

Auch für Mandelstam gilt, daß jedes Lebensmittel in
seinem Werk *mit Zärtlichkeit und eigentümlichem Respekt*
behandelt wird. War bei ihm wie bei Villon der zeit-

---

* Zuerst in meinem Buch:
Ralph Dutli, OSSIP MANDELSTAM – »Als riefe man mich bei
meinem Namen«. Dialog mit Frankreich. Ein Essay über
Dichtung und Kultur. Ammann Verlag 1985, S. 357.
Nun auch in:
Ossip Mandelstam, ÜBER DEN GESPRÄCHSPARTNER, Ge-
sammelte Essays I: 1913-1924. Ammann Verlag 1991, S. 29.

weilige Mangel an Eß- und Genießbarem daran
schuld, daß sie in seinem Werk dieses besondere Ge-
wicht haben?

Neben Mandelstam sollen hier auch seine Lieblingsdichter zu Tisch gebeten werden, denn er hat sich nie als
Selbstversorger verstanden, sondern sein Werk immer als
Dialog mit seinen Vorläufern und Verbündeten gestaltet.
Nicht nur Villon sitzt hier hungrig bei ihm. Auch der
große Vorläufer Alexander Puschkin kommt lächelnd an
den Tisch. Wenn im Kapitel der Weine (*Champagner und
Châteauneuf-du-Pape*) die russischen Klassiker Puschkin
und Baratynskij, sowie im Trauben-Kapitel (*Das Traubenfleisch guter Gedichte*) der Klassiker Konstantin Batjuschkow an dieser Tafel Platz nehmen und der Text etwas
weiter ausholt in die russische Literatur hinein, so möchte
das nicht Abschweifung sein, sondern Absicht.

Soll keiner glauben, es handle sich hier um einen
kompletten Katalog des Eß- und Trinkbaren bei Mandelstam (die Gefahr der Überfütterung wäre nicht von
der Hand zu weisen): andere Menüs und Speisefolgen
wären möglich, jeder Leser wähle in diesem Werk, was
ihm schmeckt, was er braucht zum Lesen – oder Leben?

Keine Erschöpfung des Themas, aber satt werden
darf ein Leser wollen. Und Vergnügen soll ihm dieses
Geburtstagsessen bereiten. Doch sei es schlichter Imbiß
oder Geburtstagsmenü – vor jeder Mahlzeit muß der
Hunger stehen.

GETEILTER HUNGER

Wann hat Mandelstam zum erstenmal wirklich Hunger gelitten? In der Zeit des Bürgerkriegs nach der Oktoberrevolution, 1918 bis 1921, als in Moskau nicht das neue Regime, sondern der Hunger herrschte und in so manchen literarischen Werken jener Zeit seine unübersehbare Spur hinterließ, von den Tagebüchern der Marina Zwetajewa bis zu Jewgenij Samjatins großartiger Erzählung *Die Höhle* oder Viktor Schklowskijs *Sentimentale Reise*.

Einer von Mandelstams wichtigsten Essays ist ganz vom Hunger durchdrungen, der Hunger regiert ihn, zwingt sich ihm als Leitmotiv auf, scheint ihn gänzlich eingenommen zu haben: *Das Wort und die Kultur* von 1921. Was Mandelstam in jenen Hungertagen unternimmt, ist eine Sakralisierung des Essens wie auch der Kultur, Sakralisierung von Brot und Wort. Der Alltag als Sakrament . . . Das Ziel scheint seltsam klar: den Hunger weniger schmerzhaft zu machen, den Hunger zu überwinden.

Die Kultur ist zur Kirche geworden. Zwischen der Kultur-Kirche und dem Staat hat sich die Trennung vollzogen. Das *weltliche Leben berührt uns nicht mehr, wir haben kein Essen, sondern eine Klostermahlzeit, kein Zimmer, sondern eine Zelle, keine Kleider, sondern ein Gewand. Wir haben endlich die innere Freiheit gefunden, eine wirkliche innere Freude. Wasser aus irdenen Krügen trinken wir wie Wein, und die Sonne scheint lieber im Refektorium unseres Klosters als im Restaurant. Äpfel, Brot und Kartoffeln stillen von nun an nicht nur den physischen, sondern auch den geistigen Hunger. Ein Christ – und nun ist jeder Kulturmensch Christ – kennt keinen nur physischen Hunger, keine nur geistige Speise. Für ihn ist auch das Wort: Fleisch, und das schlichte Brot: Freude und Geheimnis.**

Welche Provokationskraft dieser Essay hatte, kann man sich gut vorstellen. In einem jungen Staat von dekretiertem Atheismus, wo Kirchen bald zu Garagen, Warenlagern und Kinosälen wurden, behauptet Mandelstam energisch die Existenz einer *Kultur-Kirche* und beharrt auf einem christlichen, von der Eucharistie durchdrungenen Vokabular. Doch der Essay ist voller Paradoxe, und wer von Mandelstam ein Pamphlet gegen den grausam entschlossenen Staat erwartet hat, sieht sich plötzlich mit etwas ganz anderem konfrontiert, mit einem Aufruf zu Mitleid mit dem Staat:

Im Leben des Wortes ist eine heroische Ära angebrochen. Das Wort ist Fleisch und Brot. Es teilt das Los des Brotes und des Fleisches: das Leiden. Die Menschen sind hungrig. Noch hungriger ist der Staat. Doch da ist etwas noch Hungrigeres: die

* Über den Gesprächspartner, Gesammelte Essays I, S. 83.

Zeit. Die Zeit will den Staat verschlingen. [. . .] Wer das Wort hochhalten und es der Zeit vor Augen führen wird wie ein Priester die Eucharistie, der wird ein neuer Josua sein. Es gibt nichts Hungrigeres als den heutigen Staat, und ein hungriger Staat ist schrecklicher als ein hungriger Mensch. Mitleid zu haben mit dem Staat, der das Wort verneint – das ist der öffentliche Weg und die mutige Tat des heutigen Dichters.*

Es gibt nichts Hungrigeres als den Staat . . . Mandelstam, der hier so prophetisch sich äußert, wird Jahre später von diesem Staat selber verschlungen werden. Doch hat er diesen Staat nicht schon damals überwunden, als er zum Mitleid mit ihm aufrief?

Es kann nicht anders sein, der Essay muß mit einem Paradox enden – und mit dem noch einmal auftauchenden Leitmotiv des Hungers:

Es heißt, der Grund für die Revolution sei der Hunger in den interplanetarischen Räumen. Man müßte Weizen ausstreuen in den Äther! Die klassische Poesie ist die Poesie der Revolution.**

Der Essay spricht von vielem anderem, von klassischer Poesie, von den *Freunden und Feinden des Wortes*, von den Grashalmen in den Petersburger Straßen, diesen *ersten Keimen eines Urwalds, der das Territorium der modernen Städte überdecken wird.* Doch verstehen kann man diesen schillernden Text nicht, solange man seinen Hintergrund

---

* ÜBER DEN GESPRÄCHSPARTNER, Gesammelte Essays I, S. 86.
** ÜBER DEN GESPRÄCHSPARTNER, Gesammelte Essays I, S. 88.

nicht erkannt hat, seinen herrischen, mitleidlosen Hintergrund: den Hunger.

Vor diesem Hunger versuchte Mandelstam 1919 zu fliehen, in den Süden, wie andere Künstler auch, in die Ukraine, oder auf die Krim, wo man in Weinbergen manchmal Arbeit fand und Brot.

Eine Etappe auf dem Weg zur Krim war Kiew. Dort lernt Mandelstam im April 1919 seine spätere Frau kennen, Nadeschda Chasina, die mit ihm die Nachtmahre des Stalinismus – mit Ausnahme des Lagertodes – teilen wird, auch die dreijährige Verbannung nach Woronesch (1934-1937), die materielle Not, den Hunger. Doch wenn dieser Hunger in den Gedichten der *Woronescher Hefte* auftaucht, ist es ein seltsam geläuterter Hunger, gemildert, weil geteilt – wie im Gedicht vom 15./16. Januar 1937:

ICH BIN NICHT TOT, *und nicht allein – für eine Weile,*
Solang ich meine Bettlerfreundin seh,
Werd ich die große Ebene genießend teilen,
Und Nebeltreiben, Hunger, Schnee.

In Luxus-Armut, reichen Bettlerrechten
Leb ich allein – getröstet, in Geduld –
Gesegnet sind die Tage und die Nächte,
Der sanfte Klang der Arbeit: ohne Schuld.

Unglücklich der, den wie sein eigner Schatten
Ein Bellen schreckt und den der Windstoß mäht –

14

Und arm der halblebendig Niemalssatte,
Der dort beim Schatten um Almosen fleht. *

Das Bekenntnis zur Freiheit des eigenen Schaffens (die
schöpferischen *Tage und Nächte*), die notgedrungen mit
Armut verbunden ist, und das Verwerfen des um den
Preis der Selbsterniedrigung erlangten *Almosen*-Kom-
forts, den ein launischer Schatten-Diktator (Stalin) für
kurze Zeit gewähren könnte, sind selten so nachdrück-
lich und so klar vom *bettelarmen* Mandelstam formuliert
worden. Es ist nicht verwunderlich, daß gerade in diesem stolzen Gedicht gegen die Angst, in dem der
halblebendige Lakai des Tyrannen als wahrhaft un-
glückliche Gestalt dargestellt ist, noch einmal der Partner seiner Nicht-Kapitulation in den Vordergrund
gerückt wird, seine *Bettlerfreundin* Nadeschda.

Tatsächlich steht in diesem Gedicht der schweren
Zeit in Woronesch das Verb *genießen*! Was wird genos-
sen? Die Ebenen, Nebel, Hunger, Schnee. Selbst der
Hunger scheint seinen Schrecken zu verlieren, wird
leicht wie Schnee. Geteilter Hunger, halber Hunger?

Ist Mandelstam ein Hungerkünstler? Einer, der in einem tragischen Werk vor uns, den Lesern, schau-hun-
gert? Einer, der wie Kafkas *Hungerkünstler* sich mit
letzter Kraft dem Ohr des Aufsehers entgegenreckt und

---

* Ossip Mandelstam, SCHWARZERDE, Gedichte aus den
  Woronescher Heften. Suhrkamp Verlag 1984, S. 67.

flüstert: *Weil ich hungern muß, ich kann nicht anders [. . .]*
weil ich nicht die Speise finden konnte, die mir schmeckt. Hätte
ich sie gefunden, glaube mir, ich hätte kein Aufsehen gemacht
und mich vollgegessen wie du und alle?

Hat nicht Pasolini an Kafka gedacht, als er von Mandelstams Leben las? *Bis hin zur Verhaftung von 1934, bereits*
mitten in der Stalin-Epoche, fährt Mandelstams Leben fort,
seinen besonderen Weg zu nehmen, dessen Modell vielleicht eher
als in unserer herkömmlichen Erfahrung in den Träumen oder in
den Büchern Kafkas zu finden wäre.*

Das Leben mag aus einer Vision Kafkas stammen,
doch das Werk ist ganz und gar von Mandelstam, der uns,
wie derselbe Pasolini sehr schön im weiteren festhält, *eine*
der glücklichsten Dichtungen des Jahrhunderts gegeben habe,
ein Werk als *Kampf gegen das Nicht-Sein, ausgefochten mit der*
Selbstverständlichkeit eines Traumes, in dem jedoch das Bewußt-
sein, wenn auch machtlos, so doch hellsichtig wäre und beinahe, auf
eine rätselhafte Weise, glücklich.**

Mandelstam ist die absolute Kontrastfigur, das bare
Gegenteil von Kafkas *Hungerkünstler,* denn der Hungerkünstler Mandelstam kannte sein Leben lang *die Speise, die*
ihm schmeckt – sein Werk ist voller guter, nahr- und schmack-

---

* Ossip Mandelstam, IM LUFTGRAB, Ein Lesebuch, heraus-
  gegeben von Ralph Dutli, mit Beiträgen von Paul Celan,
  Pier Paolo Pasolini, Philippe Jaccottet und Joseph Brods-
  ky. Ammann Verlag 1988, S. 86 (in diesem Band auch,
  S. 137-141: Zeittafel zu Mandelstams Leben und Werk).
** IM LUFTGRAB, S. 87, 90 f.

hafter Sachen, und alles, was auf dem Tisch dieser wenigen Seiten ausgebreitet werden soll, spricht von dem einen: seiner Lust an den Dingen, seiner Freude an dem Eßbaren. Seine Hungerkunst basiert nicht auf der Essensverweigerung, sondern entspringt dem Mangel, leitet sich her von dem, was er erlebt hat, hat erleben müssen: Revolution, Bürgerkrieg, Verbannung, Lagerhaft.

Und ganz am Schluß, 1938 im Transitlager Wtoraja Retschka in der Nähe von Wladiwostok, hat ihn da Kafkas Hungerkünstler nicht doch noch eingeholt?

Aus den Lagern zurückgekehrte Häftlinge haben ihre Zeugnisse hinterlassen und einhellig berichtet, Mandelstam habe im Lager die Nahrung verweigert, weil er in seiner Geistesverwirrung meinte, das Lagerkommando habe den Auftrag, ihn zu vergiften und so aus dem Weg zu schaffen. Wer die *Literaturnaja Gaseta* vom 15. Juni 1988 aufschlug, erfuhr ein neues Detail, in einem Bericht Wenjamin Kawerins: der zurückgekehrte Lagerhäftling Oksman habe ihm erzählt, daß er Mandelstam im Lager gesehen habe, wie er *in einem Haufen von Abfällen nach etwas Eßbarem suchte.*

Mehr Vertrauen in den Abfall als in die Lagerleitung? Und was kann der Abfall anderes gewesen sein in diesen Wassersuppen- und Rübenlagern als nur der Abfall vom Abfall?

Mandelstam hat Kafkas Vision der *Strafkolonie* als Realität am eigenen Leib erfahren. Das Bild des Dichters und Menschen, der im Konzentrationslager in einem

17

Haufen von Abfällen nach etwas Eßbarem wühlt. Ein
Bild des 20. Jahrhunderts. Und derselbe Dichter hat –
als ebenso reale Realität, nachlesbar – ein provozierend
glückliches Werk hinterlassen, voll von dem hellen Be-
wußtsein möglicher, realer, zu genießender Fülle.

Und selbst jener letzte Hunger: ein einsamer Hunger
oder ein geteilter auch er? Auch er scheint in Mandelstams Werk in Vorausahnung dessen, was noch kommen sollte, als geteilter Hunger markiert, in Solidarität
mit allen Gulag-Häftlingen (und Nazi-Opfern) – im
letzten Gedicht der *Verse vom unbekannten Soldaten* (Fe-
bruar-März 1937), diesem Requiem auf die *Millionen
von leichthin Getöteten*, in jenem letzten Gedicht, in dem
Mandelstam die Geburtsjahre der Mitgetöteten hört
und darauf sein eigenes Geburtsdatum dekliniert (nach
dem vorrevolutionären julianischen Kalender, im gre-
gorianischen ist es der 15. Januar):

> *Von dem Blut schwellen an die Aorten*
> *Und ein Flüstern klingt hin durch die Schar:*
> *– Vierundneunzig, da bin ich geboren,*
> *Und ich Zweiundneunzig, in jenem Jahr . . .*
> *Und dann preß ich, zerreibe im Fäustepaar*
> *Meine Jahrzahl, die zahllos geteilte,*
> *Und ich flüstre mit blutleeren Lippen:*
> *Bin geboren zur Nachtzeit vom zweiten zum dritten*
> *Januar Einundneunzig, im glücklosen Jahr –*
> *Und wie Feuer umzingeln mich: Zeiten.**

* SCHWARZERDE, S. 123.

18

DAS BROT DER POESIE

Nach dem mit Nadeschda geteilten Hunger das mit
Nadeschda geteilte Brot. Die Lebensgefährtin Mandelstams war unzweifelhaft das Modell des angesprochenen Du in einem Gedicht vom Januar 1931. Im
Kontext des Mandelstamschen Werkes mit seinem
komplexen Bilderreichtum und der Vielzahl literari-
scher wie kulturhistorischer Bezüge ist es in seiner
Schlichtheit und scheinbaren Einfachheit ein beinahe
irritierend untypisches Gedicht:

> IN DER KÜCHE *setzen wir uns hin –*
> *Süß riecht hier das weiße Kerosin.*
>
> *Scharfes Messer, ein Laib Brot . . .*
> *Mach daß der Primuskocher loht!*
>
> *Sonst such Stricke in der Nacht,*
> *Unsern Korb dann zugemacht –*
>
> *Fort zum Bahnhof das Gespann,*
> *Wo uns keiner finden kann . . .**

Auf alle Metaphern verzichtend, führt Mandelstam

---

* MITTERNACHT IN MOSKAU, S. 49.

dem Leser hier eine Existenz zwischen Küchenbiwak und erneutem Aufbruch vor Augen, das Nomadenleben der Mandelstams in den dreißiger Jahren. Doch scheint er auch hier den Wechsel zwischen Biwak, Aufbruch und Unterwegssein bereits angenommen zu haben, er lebt das Unstete, das vielleicht erträglich wird durch die Gegenwart des Du, hinter dem Nadeschda steht. Subjekt des Gedichtes ist diese Partnerschaft im Wir. Ein Ich erscheint hier nicht.

Bei aller Einfachheit ist es ein beklemmendes Gedicht – wohl deshalb, weil die Gründe für Aufbruch und Verfolgung (*Wo uns keiner finden kann*) ungesagt bleiben. Die tragische Isolierung des Wir in einer feindlichen Umwelt steht im letzten Vers – und zwischen den Zeilen. Und dennoch vollzieht sich im Gedicht eine bescheidene Feier, im kleinstmöglichen Mahl: die kurzfristige Wärme einer Küche, der süße Geruch des Kerosins, ein Laib Brot.

Selbst in der Woronescher Verbannung (1934-1937), der dem Lagertod vorausgehenden Zeit des Aufschubs, ist Mandelstam bereit, das Brot überall zu finden, wo es sich anbieten könnte, auch dort, wo es keiner vermuten würde, auch in der ihn umgebenden Natur, auch im Schnee. Hier die Schlußzeile eines Gedichtes vom 16. Januar 1937:

*Im Auge knirscht der Schnee, ist rein und schuldlos: Brot.**

* SCHWARZERDE, S. 69.

Noch einmal werden Brot und Schnee verknüpft, in einem Gedicht des 19. Januar 1937, wo Mandelstam nicht von seinem Hunger spricht, sondern vom russischen Volk:

ICH STEHE NUN *im lichten Spinngewebe*
Von schwarzem Haar, von hellem Feh –
Das Volk braucht Licht und blaue Luft zum Leben,
Es braucht das Brot, und Elbrusschnee.

Mir heute Rat zu geben, hab ich keinen,
Ihn noch zu finden: eine Qual –
Solch glashell-rein verweinte Steine
Gibt's weder auf der Krim noch im Ural.

Das Volk braucht Verse, unerklärlich und vertraut,
Um sich vom Schlaf für immer aufzuwecken –
In ihrer Welle, flachsen und kastanienbraun,
*In ihrem Atem sich zu waschen, zu umdecken.**

Eine ganze Proviantliste dessen, was dieses Volk braucht: Licht, Luft, Brot, Schnee und . . . Verse. Gedichte also, rätselhafte und doch nahe, *unerklärlich und vertraut*. Genau das, was Mandelstam diesem Volk anzubieten hätte, noch nicht jetzt, wo er in Woronesch mit der Etikette eines »Volksfeindes« herumzugehen hat, sondern später, in der Zukunft. Man sollte sich hier an Mandelstams Antwort auf die Zeitungsumfrage von 1928 erinnern – zum Thema *Der Sowjetschriftsteller und die Oktoberrevolution*:

* SCHWARZERDE, S. 79.

21

Die Oktoberrevolution mußte *meine Arbeit beeinflussen, da sie mir die »Biographie« wegnahm, das Gefühl einer persönlichen Bedeutsamkeit. Ich bin ihr dankbar dafür, daß sie ein für allemal Schluß gemacht hat mit dem geistigen Versorgtsein und einem Leben auf Kulturrente . . . Ich fühle mich als Schuldner der Revolution, bringe ihr jedoch Gaben dar, die sie vorläufig noch nicht benötigt.*

Das karge Brot, das Mandelstam in Woronesch findet, ist noch das *bittre Brot* des Exils. Kein Wunder, erinnert er sich am 22. Januar 1937 an einen anderen Verbannten und Exilierten, dem er vier Jahre zuvor seinen wichtigsten Essay** gewidmet hat: Dante Alighieri. Erinnerung an die verbotene Stadt Petersburg, wo das Eis kracht unter den Brücken. Petersburg ist Florenz, Florenz ist Petersburg:

> JA, ICH HÖR ES: *frühes Eis,*
> *Unter Brücken rauscht's, von fern,*
> *Seh ihn noch, er schwimmt dort weiß:*
> *Heller Rausch, auf jeder Stirn.*
>
> *Auf dem starren Herz der Treppen,*
> *Vor dem eckigen Palast*
> *Sangen Alighieris Lippen*

---

   * Ossip Mandelstam, DAS RAUSCHEN DER ZEIT, Gesammelte »autobiographische« Prosa der 20er Jahre. Ammann Verlag 1985, S. 245 (in diesem Band auch, S. 299-309: Chronologie zu Ossip Mandelstams Leben und Werk).

** Ossip Mandelstam, GESPRÄCH ÜBER DANTE, Gesammelte Essays II: 1925-1935. Ammann Verlag 1991.

Schwer erschöpft – und voller Macht
Seinen Kreis: Florenz, erlitten.

Hier, mein Schatten, seine Augen
Ätzen körnigen Granit –
Nacht: er sieht nur hohle Mauern
Wo am Tag ein Haus noch schien.

Einmal ruht der Schatten, faul,
Gähnt mit mir, in mich hinein,

Wärmt sich unter Fremden auf,
Nimmt den Himmel, ihren Wein,

Wirft das bittre Brot hinaus
*Dreisten Schwänen in den Leib . . .**

Dieses Gedicht nährt sich vom 17. Gesang des *Paradiso*
in der *Divina Commedia*, wo Dante seinen Ururgroß-
vater Cacciaguida über sein eigenes Schicksal befragt
und dieser ihm seine Verbannung voraussagt –
doch auch den schließlichen Triumph der Wahrheit
(vv. 55-60):

Tu lascerai ogni cosa diletta
più caramente, e questo è quello strale
che l'arco dello esilio pria saetta.
Tu proverai sì come sa di sale
lo pane altrui, e com'è duro calle
lo scendere e 'l salir per l'altrui scale.

* Schwarzerde, S. 83.

23

> *Du wirst, was dir am teuersten gewesen,*
> *Verlassen, und dies ist die erste Wunde,*
> *Die dir wird schlagen der Verbannung Bogen.*
> *Du wirst erfahren, wie das Brot der Fremde*
> *Gar salzig schmeckt und welche harten Stufen*
> *Auf fremden Treppen auf und ab zu steigen.**

Im selben Gesang von Dantes *Paradiso* (vv. 127-132)
wird die Botschaft eines Dichters mit einer *Nahrung* für
die Nachkommenden verglichen, die Wahrheit als
schwer zu kauende Speise gedeutet – und Lebensnah-
rung auch Mandelstam-Lesern versprochen!

> *Ma nondimen, rimossa ogni menzogna,*
> *tutta tua vision fa' manifesta;*
> *e lascia pur grattar dov'è la rogna.*
> *Chè se la voce tua sarà molesta*
> *nel primo gusto, vital nutrimento*
> *lascerà poi, quando sarà digesta.*

> *Trotz alledem, laß jede Lüge fahren.*
> *Verkünde offen alles, was du schautest,*
> *Und laß nur, wo die Räude beißt, sie kratzen.*
> *Denn wenn auch deine Kunde hart zu kauen*
> *Beim ersten Kosten, wird sie Lebensnahrung*
> *Dann hinterlassen, wenn man sie verdaute.*

Das *bittre Brot* des Exils wird schließlich bei Mandelstam zum Bild für die Poesie schlechthin – in einem der

---

* Deutsche Übersetzung von Hermann Gmelin, Klett-Cotta
  Verlag und Reclam Verlag.

schönsten Abschnitte der Entwürfe zum *Gespräch über Dante* (Sommer 1933):

In Puschkins Verständnis, das er von den großen Italienern als freies Erbe übernommen hat, ist die Poesie ein Luxus, doch ein Luxus, der so lebensnotwendig ist wie Brot und manchmal genauso bitter.*

Das Organ aber, in dem Poesie und Essen ihren gemeinsamen Ort haben, in dem die Sprechlaute entstehen und die Speisen empfangen und geschmeckt werden, bekommt hier seine besondere Feier: der Mund, der Gaumen, die Zunge.

Großartig ist der Vershunger der alten Italiener, ihr raubtierhafter, jugendlicher Appetit auf Harmonie, ihr sinnliches Verlangen nach dem Reim – il disio!

Die herrlichen weißen Zähne Puschkins – männliche Perlen der russischen Poesie!

Was macht Puschkin mit den Italienern verwandt? Der Mund arbeitet, ein Lächeln bewegt den Vers, klug und fröhlich röten sich die Lippen, und die Zunge schmiegt sich zutraulich an den Gaumen.**

Poesie wird hier *gegessen*, in diesem Abschnitt der schönen Paradoxe. Ein Luxus, aber lebensnotwendig. Bitteres Brot, doch ein Lächeln bewegt den Vers ... Wer diese Paradoxe im Ohr behalten will, kann in unserem Geburtstagsmenü nicht verlorengehen.

---

* und ** GESPRÄCH ÜBER DANTE, Gesammelte Essays II, S. 178.

WARUM ER AUSTERN NICHT MAG

Als Mandelstam im Dezember 1930 von seiner Armenien-Reise zurückkehrt in die Stadt seiner Kindheit,
erscheint sie ihm fremd und unheimlich. Die Rückkehr
ist in einem Gedicht mit dem Titel *Leningrad* festgehal-
ten. Das Schwanken zwischen dem alten Namen Petersburg und dem neuen Leningrad zeigt bereits seine
Ambivalenz dieser Stadt gegenüber, und die Mandelstamschen Tabu-Farben Schwarz (Teer) und Gelb (Eigelb), »seine« Farben der Angst und der Bedrohung,
lassen nichts Gutes ahnen:

> *Meine Stadt find ich wieder, mir zum Weinen vertraut*
> *Wie ein kindliches Fieber, wie ein Äderchen, Haut.*
>
> *Leningrad siehst du wieder – so schluck schon den Tran!*
> *Der den Uferlaternen entströmt wie ein Wahn . . .*
>
> *Und erkenn ihn, den Tag, wie dezembrig er ist,*
> *Wo dem düsteren Teer sich ein Eigelb beimischt.**

In den weiteren Distichen findet er nur noch die *Stim-
men der Toten* in dieser Stadt wieder (sein Freund und

---

* MITTERNACHT IN MOSKAU, S. 45.

27

Dichterkollege Nikolaj Gumiljow war hier schon 1921 als »Konterrevolutionär« erschossen worden) und beschwört sie, daß er *noch nicht sterben* wolle.

Dann ist da ein anderes Gedicht, in dem Mandelstam von der Stadt seiner Kindheit Abschied nimmt, sich von ihr lossagt und sich sogar die Erinnerungen verbietet. Es stammt vom Januar 1931:

DER WELT DER MÄCHTIGEN *war ich nur kindlich*
verbunden,
Austern die fürchtete ich, dem Gardistenmann hab ich
mißtraut –
Kein Körnchen gemeinsamer Seele hab ich dort gefunden,
Fremd war das Vorbild, es quälte mich, hat nichts getaugt.

Dummstolz, mit finsteren Brauen und Biberpelzmitra
Stand ich nie unter ägyptischen Bankhallen-Säulen,
Auf dem Newà-Fluß, zitronengelb, zum Hundertrubelgeknittre
Ließ ich noch nie die Zigeunrin mir tanzen und heulen.

Die kommenden Hinrichtungen hab ich geahnt. Vorm
Gedröhne
Floh ich zu den Nereiden, hin zum Schwarzen Meer . . .
Damals, die Frauen Europas, die zärtlichen Schönen –
Wieviel Verwirrung und Schmerz haben sie mich gelehrt!

Warum vermag diese Stadt wie nach uralten Rechten
Meinen Gedanken noch immer – wie einst – zu genügen?
Von ihren Bränden und Frösten ist sie nur noch frecher,
Selbstsüchtig, hohl und verflucht, und sich jünger noch lügend!

Könnte es sein, weil ich damals auf Kinderbuchseiten
Lady Godiva sah mit offner Mähne von rötlichem Licht?
Spreche ich heimlich für mich, was mich leise begleitet:
Lady Godiva, leb wohl! Ich erinnre mich nicht . . .*

Lady Godiva deutet auf die Welt der Kinderbücher und
des Zirkus. Das die alte englische Legende nacherzäh-
lende Gedicht von Alfred Tennyson war auch im vorrevolutionären Rußland sehr populär: die Geschichte
von der mildherzigen Lady Godiva, die auf Geheiß
ihres tyrannischen Gatten, des Grafen Coventry, nackt
auf einem Pferd, nur mit ihrem langen Haar bekleidet,
durch das Dorf zu reiten hatte. Außer in Kinderbüchern
fand die Legende auch im Zirkus ihren Niederschlag: in
einer beliebten Nummer für Kunstreiterinnen.

Lady Godiva steht für die Welt der Kinderbücher, der
Gardistenmann für die Welt der Macht. Man erkennt in
ihm eine Figur jenes imperialen Petersburg mit seinen
prunkvollen Militärparaden und Begräbnisfeierlichkei-
ten wieder, das Mandelstam in den Kapiteln *Kindlicher
Imperialismus* und *Unruhen und Französinnen* seines autobiographischen Buches *Das Rauschen der Zeit* (1925) in
sprechenden Details eingefangen hat.**

Doch die *Welt der Mächtigen* hat ein weiteres Emblem:
die Auster. Ein seltsames Schalentier, das dem Kind
Angst einflößt. Es steht für eine fremde, abweisende Welt,

---

* MITTERNACHT IN MOSKAU, S. 47.
** DAS RAUSCHEN DER ZEIT, S. 14-24.

wo dieses Schalentier als luxuriöser Leckerbissen gilt, und der mit der russischen Literatur ein wenig vertraute Leser kann nicht umhin, an Tschechows wunderbare kurze Erzählung *Austern* von 1884 zu denken: nur ein paar Seiten, doch eine feine Hungerstudie, erzählt aus der Perspektive eines hungernden Kindes (wenn Sie diese Geschichte nicht kennen, lesen Sie sie lieber heute als morgen!).

Mandelstam assoziiert die Auster mit der *Macht* und mit dem *Tod.* Heißt es nicht in einer Strophe des Gedicht-Zyklus auf Andrej Belyjs Tod vom Januar 1934:

> *Nun schweigt er wie die Auster, und auf Meternähe*
> *Gibt's keinen Zugang – Wachen stehn demonstrativ.*
> *Da liegt doch was versteckt, will daß man es verstehe:*
> *. . . . . verwirrte und entschlief.**

Auch in jenem Abschied von der Kindheit mit Lady Godiva ist der Tod gegenwärtig, der staatlich verordnete Tod, der von der Macht verabreichte Tod: *Die kommenden Hinrichtungen hab ich geahnt . . .*

Mandelstam und die Macht. Kein russischer Dichter des 20. Jahrhunderts hat so kurz und so klar geäußert, was er von ihr hält, wie Mandelstam in einem Vers seines Gedichtes *Ariosto* vom Mai 1933:

* MITTERNACHT IN MOSKAU, S. 209.

Europa ist nun kalt. Italien – Dunkelheit.
Die Macht ist widerlich wie Baderhände.*

Mandelstam und die Macht. Sagt er nicht im ersten
Vers des Godiva-Gedichts, daß sein Verhältnis zu ihr
kindlich war? Mandelstam und die Macht: ein Gewirr
von Anekdoten und bizarren Episoden.

War es etwa nicht kindlich, 1928 in der Affäre um die
Erschießung von fünf Menschen seinen soeben erschie-
nenen (als letzter zu Lebzeiten publizierbaren) Gedichtband an den einzigen ihm wohlgesinnten Partei-
funktionär zu schicken, an Nikolaj Bucharin, mit der
Widmung: *Jede Zeile dieses Buches widerspricht dem, was
ihr zu tun gedenkt.*

War es nicht naiv, im November 1933 in einem Epi-
gramm Stalin als *Verderber der Seelen und Bauernabschläch-
ter*** zu entlarven und zu glauben, Gedichte vermöch-
ten gegen Diktatoren etwas auszurichten?

Mandelstams paradoxe Mischung von *nahezu unbe-
schreiblicher Furchtsamkeit* und selbstmörderischer Zivil-
courage hat Paul Celan beschäftigt und fasziniert, der
seinen »Bruder« Mandelstam gern als *Hasenfuß* be-
zeichnete und als einen, der *nie nach Canossa ging.****

Mandelstam hat der Macht mißtraut und die Berüh-

---

* Mitternacht in Moskau, S. 145.
** Mitternacht in Moskau, S. 165.
*** In Paul Celans lange verschollener Rundfunkskizze über
Mandelstam, in unserem Lesebuch Im Luftgrab, S. 69 f.

rungen mit ihr gefürchtet wie die Auster. Dazu eine letzte Anekdote, nachzulesen im ersten Band der Memoiren Nadeschda Mandelstams, der deutsch 1971 unter dem Titel *Das Jahrhundert der Wölfe* erschien – im Kapitel *Du sollst nicht töten.*

Nach der Oktoberrevolution hatte Mandelstam für kurze Zeit eine Anstellung in Lunatscharskijs Volkskommissariat für Bildungswesen (NARKOMPROS) und verbrachte in dieser Eigenschaft sogar eine Nacht im Kreml, in der Wohnung Gorbunows, eines Offiziellen der revolutionären Regierung. Am Morgen, in einem der Speisesäle des Kreml, hieß es, auch Trotzkij würde gleich auftauchen, um hier zu frühstücken. Mandelstam sei aufgestanden, habe schnell seinen Mantel über den Arm geworfen und sei geflüchtet.

Jetzt, wo der Teller einmal voll gewesen wäre, ließ er ihn lieber stehen.

REBELLISCHER KAVIAR

In seiner *Vierten Prosa* von 1929/1930, diesem zornigen
Pamphlet gegen das stalinistische Literaturmarionet-
tentheater und der Antwort Mandelstams auf die 1928
einsetzende Kampagne gegen ihn, einen Unbotmäßi-
gen, gibt es jenes seltsame 7. Kapitel, das immer wieder
vom Ausruf *Holterdiepolter!* unterbrochen wird. Da ist
von einer verunmöglichten Armenien-Reise die Rede
(1930 wird Mandelstam sie dank der Einflußnahme
Nikolaj Bucharins doch noch antreten können) und
von allerlei Protestgesten und bizarren Auflehnungs-
ritualen:

*Führe ich nach Eriwan, würde ich während dreier Tage und
Nächte an den Stationen aussteigen, in große Bahnhofbüfetts
treten und Brotscheiben mit schwarzem Kaviar essen.*
   Holterdiepolter!
   *Unterwegs würde ich das beste Buch von Sostschenko lesen
und mich darüber freuen wie ein Tatar, der hundert Rubel gestohlen hat.**

Drei Auflehnungsgesten werden aneinandergereiht
und einander gleichgesetzt: Kaviar essen, ein Buch von

---

* DAS RAUSCHEN DER ZEIT, S. 259.

Sostschenko lesen, sich freuen wie ein Tatar, der hundert Rubel gestohlen hat.

Die letzte Geste bezieht sich auf einen russischen Witz. Einer fragt einen Tataren: Was würdest du tun, wenn du Zar wärest? Seine Antwort: Hundert Rubel klauen und abhauen.

Michail Sostschenko (1895-1958) ist der von Mandelstam sehr geschätzte und in den zwanziger Jahren populäre Autor komischer und satirischer Kurzgeschichten um den »neuen« Sowjetmenschen und seine menschlichen, allzu-menschlichen Schwächen. 1946 wird Sostschenko neben Anna Achmatowa Hauptopfer von Schdanows Hetzkampagne sein. Mandelstam aber fordert in derselben *Vierten Prosa*, im letzten Kapitel, Denkmäler für Sostschenko überall in der Sowjetunion:

Wir besitzen eine Bibel der Arbeit, wissen sie jedoch nicht zu schätzen. Es sind die Erzählungen Sostschenkos. Den einzigen Menschen, der uns den Werktätigen gezeigt hat, haben wir in den Schmutz gestoßen. Ich jedoch fordere Denkmäler für Sostschenko in allen Städten und Provinzflecken der Sowjetunion, oder dann wenigstens eines im Sommergarten, wie für Großvater Krylow.*

Die trotzige Geste des dreitägigen Kaviaressens, die der Hungerleider Mandelstam quasi rituell vollzieht, schiebt sich unvermittelt in die Sostschenko-Lektüre. Essen, Lesen und Stehlen: *ein* rebellischer Akt.

---

* DAS RAUSCHEN DER ZEIT, S. 271. Iwan Krylow (1768-1844) ist der bedeutendste russische Fabeldichter, der »russische La Fontaine«).

Was den fröhlichen Diebstahl anlangt, habe ich bereits zu zeigen versucht*, daß Mandelstam in der *Vierten Prosa*, an der Schwelle zu den dreißiger Jahren, unter dem Einfluß des spätmittelalterlichen Poeten und Vagabunden François Villon, eine eigentliche Umwertung der Werte vornimmt: Angesichts der stalinistischen Rechtswillkür verknüpft Mandelstam den schöpferischen Akt in der *Vierten Prosa* mit einer kriminellen Tätigkeit. Wirkliche Dichtung sei *abgestohlene Luft*.** Das Thema des *Diebstahls* – der Hauptbeschäftigung François Villons, neben der Poesie – durchzieht denn, in einem triumphierenden Tonfall, die *Vierte Prosa*, Prosa des Trotzes und des Widerstands. Wenn die Rechtswillkür des Stalinismus die »geltende Rechtsordnung« ist, wird alles, was sich dieser »Ordnung« widersetzt, im Sinne einer Gegen-Moral von unserem Dichter aufgewertet und zu seinem ausdrücklichen Ziel erklärt, also auch: Drei Tage lang Kaviar essen, Sostschenko lesen, sich freuen wie ein Tatar, der hundert Rubel gestohlen hat.

Was aber hat der Kaviar mit einem Buch gemeinsam? Die Schwärze: die Schwärze der Fischrogen, die körnige Schwärze der Buchstaben auf dem Papier.

* Ralph Dutli, Ossip Mandelstam – »Als riefe man mich bei meinem Namen«. Dialog mit Frankreich. Ein Essay über Dichtung und Kultur. Ammann Verlag 1985, S. 282.
** Das Rauschen der Zeit, S. 257.

Eine Eintragung in das Notizbuch zur *Reise nach Armenien* von 1931/1932 bestätigt die Analogie. Wir sind beim Abschiedsfest für den Zoologen K. (Boris Kusin), der nach Armenien abreisen wird. Auf dem Tisch steht

*der körnige Kaviar, so schwarz wie die Druckerschwärze eines Buchdruckerteufels, falls ein solcher existieren sollte . . .**

Auf demselben Tisch liegt übrigens, wo wir doch jetzt bei den Vorspeisen sind, wie angehaucht vom russischen Märchen, *eine Lachstranche, blaßrosa wie ein verängstigtes Bräutchen.*

Nicht weniger bizarr und provokativ als der Kaviar in der *Vierten Prosa* ist der Kaviar in Mandelstams Gedicht *Mir fehlt noch etliches zum Patriarchen*, einem bilderreichen Spaziergang durch Moskau vom August 1931:

> *Ich mag sie krächzend, knarrend – Trambahnwagen,*
> *Den Astrachan-Kaviar, will sagen: den Asphalt,*
> *Auf dem die strohgeflochtnen Matten liegen*
> *Wie um den Asti-Wein ein Korbgeflecht,*
> *Die Straußenfedern jener Baugerüste*
> *Um Leninhäuser, wenn kein Stein noch steht.***

In dieser Strophe wird die banale Gegenwart des Straßen- und Häuserbaus mit Luxusgütern verknüpft: Astrachan-Kaviar, Asti-Wein, Straußenfedern. Was

---

* In einem geplanten Band der Mandelstam-Ausgabe des Ammann Verlages.

** MITTERNACHT IN MOSKAU, S. 105.

soll das? Soll der Straßenbau veredelt und verklärt werden?

Tatsächlich wurde von den angepaßten zeitgenössischen Literaten auch erwartet, daß sie hymnisch den Straßen- und Häuserbau verherrlichen sollten. Mandelstam greift ihre Verfahren auf, schubst sie aber ganz leicht über die Grenze des noch Zumutbaren hinaus, führt sie ad absurdum, indem er sie mit jenen »bourgeoisen Luxusprodukten« assoziiert.

Mandelstam liebt Kontraste, liebt es, weit auseinanderliegende Dinge zu einem grellen Zusammenklang zu verknüpfen, doch wird hier wohl weniger die zeitgenössische Straßen- und Häuserbau-Realität erhellt und überhöht, als eine Grundeigenschaft Mandelstams, dieses großstädtischen Flaneurs: die Ironie (und Selbstironie), eine Gabe, die so rar und so kostbar ist wie Kaviar.

MOSKAU: WIRRER SALAT

Wollen wir die Auswahl an Vorspeisen nicht noch etwas erweitern? Der Kaviar, und sei er noch so rebellisch, genügt doch nicht. Die Lachstranche (*blaßrosa wie ein verängstigtes Bräutchen*) wurde bereits aufgetischt. Wie wär's mit etwas Literatur – mit einem Blättchen Salat?

Hinein in den Bilderwirbel der Albtraumerzählung *Die ägyptische Briefmarke* von 1928, der Geschichte des kleinen Mannes Parnok, der in der Zeit zwischen der Februar- und der Oktoberrevolution versucht, eine aufgebrachte Menschenmenge von einem Lynchmord abzuhalten. Die Parabel einer aus den Fugen geratenen Welt zeigt diverse autobiographische Einsprengsel, Erinnerungen an Kindheit und Küche, hier eingesprengt in die Freilichtmalerei der Schule von Barbizon:

Die Spatzen der Eremitage zwitscherten von der Sonne in Barbizon, von der Freilichtmalerei, von einem Kolorit, das Spinat mit Röstbrotstückchen ähnlich sieht, mit einem Wort: von allem, was der düster-flämischen Eremitage fehlt.

. . .

Meine Mutter machte den Salat mit Eigelb und Zucker an.

Die abgerissenen, zerknüllten Salatohren voller Kieselchen starben vor lauter Essig und Zucker.

Luft, Essig und Sonne wurden mit grünen Lappen zu einem

dichten, vor Salz, Gitterspalieren, Glasperlen, grauen Blättern,
Lerchen und Libellen in Brand stehenden, mit seinen Tellern
klappernden Tag in Barbizon geknetet.
  Der Sonntag in Barbizon ging, sich mit Zeitungen und Ser-
vietten umfächelnd, seinem Frühstückszenit entgegen und belegte
das Gras mit Feuilletons und Zeitungsnotizen über stecknadel-
*kleine Schauspielerinnen.**

Noch ein wenig Salat? Aus den *Stanzen* von Mai/Juni
1935:

> *Du Schwester Moskau: bist so federleicht*
> . . .
> *Bist zarter als ein Meer, noch wirrer als Salat*
> *Aus Holz und Milch und lichtem Glas . . .***

Mandelstam ist ein Petersburger Dichter, ein Bewoh-
ner jener *abstraktesten, erfundensten Stadt,* wie Dostojews-
kij sie genannt hat, eines Ortes der Rationalität und
Klassizität. Moskau dagegen war für Mandelstam
Chaos, unüberschaubar, unberechenbar, ein Stück
Asien mitten in Rußland. *Moskau ist Peking**** – so
beginnt sein Essay *Literarisches Moskau* von 1922. Kein
Ort strenger Architektur, sondern ein wirrer *Luftkuchen*
wie in einer Strophe vom April 1931:

> *Du und ich fahren Trambahn, die »B« und die »A«,*
> *Werden sehen, wer eher noch stirbt.*

  * Das Rauschen der Zeit, S. 210 f.
 ** Schwarzerde, S. 25.
*** Über den Gesprächspartner, Gesammelte Essays I,
    S. 145.

Moskau ballt sich zusammen, steht sperlingsklein da,
*Oder wächst dann: ein Luftkuchen, wirr . . .***

Eine Erklärung für diesen »Luftkuchen« gibt es im Prosatext *Ein kalter Sommer* von 1923:

Auf den Bleitafeln des Unwetters erscheinen zunächst die weißen
Starenkästen des Kremls und schließlich das kopflose steinerne
Patiencespiel des Waisengebäudes, dieser Rausch an Verputz und
Fenstern; eine bienenwabenähnlich regelmäßige Ansammlung
immergleicher Maße, der jede Würde abgeht.

Denn in Moskau gibt sich die tödliche Langeweile einmal als
Aufgeklärtheit, ein andermal als Pockenschutzimpfung aus –
und hat das Bauen erst begonnen, kann es nicht mehr haltmachen
*und geht auf wie ein Sauerteig von Stockwerken.***

In den zitierten Versen aus den *Stanzen* von 1935 versucht Mandelstam, Moskau für einmal freundlicher entgegenzutreten, es anders zu sehen, nicht als bedrohliches Chaos, sondern als *zartes* Chaos, als zarten, wirren Salat. Es sollte das einzige Mal bleiben . . .

Ich kann den Reigen der Vorspeisen nicht beschließen, ohne dem Kaviar, dem Lachs und dem Salat noch eine kleine schmackhafte Spargel beizufügen, aus jener wunderbaren Phantasie über Musiknoten, die die *Ägyptische Briefmarke* für den Leser bereithält (und wenn

---

* MITTERNACHT IN MOSKAU, S. 65.
** DAS RAUSCHEN DER ZEIT, S. 164.

Sie nur zwei Seiten Mandelstam lesen wollen, nehmen Sie sich jene beiden Seiten vor):

Die Notenschrift schmeichelt dem Auge nicht weniger als dem Ohr die eigentliche Musik. Die schwarzen Notenköpfe der Klaviertonleiter klettern wie Lampenanzünder hinauf und hinunter. Jeder Takt ist eine kleine Barke, beladen mit Rosinen und schwarzen Weintrauben.

Ein Notenblatt ist erstens – eine Segelschiff-Flottille in Kampfordnung, zweitens – ein Plan, nach dem die Nacht, als eine Organisation von Pflaumenkernen, untergehen wird.

. . .

Das Klavier ist ein kluges und gutmütiges Zimmertier mit faserigem hölzernem Fleisch, goldenen Adern und stets entzündeten Knochen. Wir schützten es vor Erkältungen und fütterten es mit Sonatinen, die leicht wie Spargeln waren . . .*

Wir sollten nun aber endlich etwas Trinkbares haben, nicht wahr?

* Das Rauschen der Zeit, S. 214 f.

CHAMPAGNER
UND CHÂTEAUNEUF-DU-PAPE

Wer immer von den jüngeren russischen Dichtern sich mit dem Wein und seinen geheimen Verbindungen zu Poesie und Kultur beschäftigen möchte, ist in bester Gesellschaft.

Zwei ganze Strophen im 4. Kapitel seines unerschöpflichen *Jewgenij Onegin* (1823-1831) widmet Alexander Puschkin den französischen Weinen und Champagnersorten, die er einst mochte oder noch immer mag (ich zitiere die hervorragende Übersetzung von Rolf-Dietrich Keil):

> *XLV.*
> *Champagner hochgepriesner Lagen*
> La Veuve Clicquot *oder* Moët,
> *In eisiger Flasche aufgetragen*
> *Alsbald vor unserm Dichter steht.*
> *Gleich Hippokrenes Glitzerträumen*
> *Hielt Sekt mit seinem Spiel und Schäumen*
> *(Das Gleichnis ist für dies und das)*
> *Mich oft in Bann: so kam es, daß*
> *Mein letztes Scherflein ich vorzeiten*
> *Dafür geopfert. Wißt ihr's noch?*
> *Sein Zauber hat uns damals doch*

Beschert nicht wenig Unklugheiten
Und soviel Witz und Poesie
Und Streit und heitre Phantasie!

XLVI.
Doch seines Prickelns wird mein Magen
In letzter Zeit nicht mehr recht froh,
Ich trinke heut mit mehr Behagen
Schon den besonnenen Bordeaux.
Denn den Aÿ vertrag ich nimmer;
Aÿ gleicht der Geliebten: immer
Nur Glanz und Quicklebendigkeit
Und leere Launenhaftigkeit . . .
Doch Du, Bordeaux, *bist zu vergleichen*
Dem Freunde, der in Leid und Not
Steht immer treu uns zu Gebot,
Sei's helfend seine Hand zu reichen,
Sei's auszuruhen stillvereint.
Bordeaux *soll leben, unser Freund!**

Blättert man in Vladimir Nabokovs monumentalem
Kommentar (1964) zum *Onegin* nach, stößt man auf ein
seltsames Verdikt: beide Strophen seien *sehr armselig,*
sprudeln von importierten Platitüden (*very poor, bubbling with*
imported platitudes).

Welcher Teufel muß den Schöpfer von *Ada* und *Lolita*
geritten haben, daß er hier zu einem so kleinkarierten
Urteil kommt?

Puschkins *Onegin* – ohnehin ein kompletter Lehrgang

---

* Wilhelm Schmitz Verlag 1980, S. 205 f. (auch im Piper Verlag).

44

in Ironie und in der Kunst, Tiefsinn an der Oberfläche
unterzubringen – ist vielleicht auch hier komplexer, als
es den Anschein hat.

Puschkin spielt zunächst auf ein soziologisches Fak-
tum an, auf den russischen Champagner-Kult, der im
19. Jahrhundert manchmal fast parareligiöse Züge an-
nahm. Puschkin, der nicht nur einmal geseufzt hat, wie
traurig Rußland sei, erwähnt hier das liebste Medika-
ment der (privilegierten) Russen, das all das verkörper-
te, was Rußland anscheinend nicht hatte, Fröhlichkeit,
Festlichkeit, Leichtigkeit, französischen »Esprit«, mit
dem schon Voltaire (in *Le Mondain*, 1736) den Champagner assoziierte – in allerdings läppisch klingenden
Versen, vergleicht man sie mit russischen Hommagen
an den Champagner: *De ce vin frais, l'écume pétillante | De
nos Français est l'image brillante.* Puschkin spielt mit dem
Klischee, er sitzt ihm nicht auf.

Die russische Parallelreligion des Champagners hatte
ihre eigenen Heiligenlegenden, und eine davon erwähnt Puschkin gleich zu Beginn seiner Strophe. Die
unternehmerische Witwe Clicquot in Reims hatte nach
der Abdankung Napoleons am 6. April 1814 sofort
10 000 Flaschen ihres Champagners auf Pferdewagen
nach Rouen verfrachten und einschiffen lassen. Da
Rußlands Grenzen noch geschlossen waren, wurde das
ostpreußische Königsberg als Basislager für den neuer-
lichen französischen Überfall auf Rußland gewählt.
Napoleons Rußlandfeldzug von 1812 hatte in dem be-

kannten Fiasko geendet, nun nahm die Witwe Clicquot
Rußland im Handstreich ein – so Puschkins vergnügli-
cher Hintergedanke. Die *Veuve* mag nicht ganz unlite-
rarisch gewesen sein – dem holländischen Kapitän ihres
Champagner-Frachters ließ sie neben allerlei Weinfla-
schen auch einen *Don Quijote* in sechs Bänden zukom-
men –, doch ob sie sich hätte denken können, einmal in
einer Strophe des russischen Nationaldichters verewigt
zu werden?

Neben den Hauptorten der Champagne, Reims und
Epernay, war es vor allem das Weinbauerndorf Aÿ, das
den Russen den Inbegriff des Champagners lieferte.
Noch vor Puschkin, 1820, hatte ein anderer Klassiker,
Jewgenij Baratynskij (1800-1844), ein als pessimisti-
scher Gedankenlyriker etikettierter Dichter, in seinem
seltsam heiteren und Geselligkeit preisenden Poem *Fest-
mähler* dem *Aÿ* ein Denkmal gesetzt – und dabei nicht
geahnt, welche politischen, zensorischen Unannehm-
lichkeiten er sich damit einhandeln würde:

> *Und unterdessen goß den Söhnen der Fröhlichkeit*
> *ins simple Glas der Gott des Rausches*
> *randvoll, ihr meine Freunde,*
> *seinen Lieblingstrank »Aÿ«.*
> *Sein sternenfunkelndes Naß*
> *erheitert nicht umsonst die Blicke:*
> *in ihm verbirgt sich Wagemut,*
> *er brodelt vor Freiheit,*
> *wie ein stolzer Geist erträgt er keine Fesseln,*

er bricht den Korken mit seiner ausgelassenen Welle
und freudig spritzt der Schaum hervor,
ein Gleichnis jungen Lebens.

1826 verlangte der Zensor – eines der Glanzstücke ab-
surden Theaters in der Geschichte der russischen Zen-
sur – die Abänderung der Zeile *Wie ein stolzer Geist*
erträgt er keine Fesseln! Was war geschehen? Im Dezember
1825 war der Dekabristenaufstand niedergeschlagen
worden, die adeligen Rebellen gegen die Autokratie des
Zaren harrten ihrer Hinrichtung, die Mehrzahl – der
Verschickung nach Sibirien. In einer solchen politischen Situation konnte auch ein Schaumwein gefähr-
lich werden, und die dem *Aÿ* angedichteten Eigenschaf-
ten galten als höchst subversiv. Staatsgefährdender *Aÿ*!

Puschkin spielt auf Baratynskijs Poem an, vermeidet
aber wohlweislich – er hatte selber genug Kämpfe mit
dem Zensor auszustehen – Wörter wie »Wagemut«,
»Freiheit«, »keine Fesseln« und dergleichen. Mit dem
einzigen Vers *Das Gleichnis ist für dies und das* aber erklärt
er schelmisch die Mehrdeutigkeit für ein durchaus den
Absichten des Dichters entsprechendes Spiel.

Ich kann nicht glauben, daß der Kult der russischen
Dichter um den *Aÿ* nur in der Qualität der Champa-
gnerbläschen jenes Weindorfes ihre Begründung hat. Es
muß auch am Klang dieses Namens liegen, in diesem
bizarren, magischen Zusammentreffen zweier Vokale:
A-I, die Schmerz oder Entzücken, Ekstase oder Ver-
blüffung auszudrücken scheinen. Für die russischen

Dichter wurden sie geradezu zum Decknamen für *Poesie*.

Im 20. Jahrhundert, ab 1913 – noch vor Hugo Balls dadaistischen Lautgedichten – haben die russischen Futuristen Welimir Chlebnikow und Alexej Krutschonych eine von Bedeutungszwängen befreite Lautsprache geschaffen (die »metalogische« oder »transmentale« *Zaum*-Sprache). Es ist, als ob mit dem Wort A-I ein Laut-Meteorit aus dem futuristischen 20. ins 19. Jahrhundert gelangt sei. Die russischen Klassiker Puschkin und Baratynskij grüßen in ihrem *Aÿ*-Kult ihre kühnen Nachfahren Chlebnikow und Krutschonych.

Die beiden zitierten Puschkin-Strophen verbinden kunstvoll Biographisches und Poetologisches, skizzieren einen Lebensweg und den Weg des Romans selber: vom jugendlichen Leichtsinn (unter den Chiffren Veuve Clicquot, Moët, Aÿ) hin zu Weisheit und reifer Ruhe im Zeichen des Bordeaux. Ein Lebensweg als Strecke zwischen zwei Weinen.

Auch in Puschkins scherzhaftem *Sendschreiben* an seinen Bruder Lew vom Dezember 1824 ist der *poetische* (!) *Aÿ* Gleichnis des Verliebtseins, aber auch der versprühten Jugendzeit, während der Moment der Niederschrift (Puschkin ist da fünfundzwanzig) im Zeichen von Gesetztheit und Weisheit steht. Der Dichter bezeichnet sich nun als *Freund besonnener, vernünftiger Lustbarkeiten*, seine Lebensphilosophie ist nicht mehr auf Exzeß und

48

Rausch ausgerichtet, sondern resümiert sich in dem Vers: *Alles liebe ich in kleinen Mengen.*

Wenn Puschkin ironisch in diesem sagenhaften *Aÿ* die sprudelnde Musen-Quelle der antiken Inspiration (Hippokrene) wiederfindet, lädt er gleichzeitig zu einer poetologischen, den Versroman selber betreffenden Lektüre ein.

Tatsächlich sprudelt der Roman an dieser Stelle – und wird doch weiser werden. Die zweite Strophe ist Ankündigung und Vorausnahme von Onegins Lebensweg. In jenem Moment (im 4. Kapitel) ist Onegin noch völlig Sklave von all den mondänen Feuerwerken, Bällen, Empfängen und Schlemmereien, er ist noch ganz in der »verlorenen« Zeit (wie Proust sie später nennen wird) und noch weit von der Weisheit des *Bordeaux* entfernt. Erst ganz am Schluß, als sich ihm die ehemals als naives unschuldiges Mädchen abgewiesene Tatjana nun ihrerseits verweigert und ihm ein Beispiel der Reife und Schicksalsergebenheit schmerzhaft vor Augen führt, zerfällt Onegins Übermut und Hochmut, und er wird – vielleicht – zu *seiner* Weisheit finden.

Die beiden Puschkin-Strophen, die Champagner- und die Bordeaux-Strophe, spiegeln als Mikrokosmos das große Ganze des Romanprojekts, das die beiden Pole Leichtsinn und Tiefsinn so einmalig umschließt. Es dürfte kein Zufall sein, daß Puschkin in der allerletzten Strophe des Romans die Trink-Metapher wieder aufnimmt und damit verhalten auf die beiden Strophen zurückverweist (nochmals Rolf-Dietrich Keils Übertragung):

> *Glückselig, wer, solang noch dauert*
> *Das Fest des Lebens, es verläßt,*
> *Den Kelch nicht austrinkt bis zum Rest,*
> *Aufs Ende des Romans nicht lauert,*
> *Und Abschied nehmen kann im Nu,*
> *Wie ich es von Onegin tu.**

Rund hundert Jahre nach Puschkin beobachtet Mandelstam in Georgien, wie Weinbauern ihre Krüge im Erdboden eingraben, um den Wein zur Reife zu bringen. Das Verfahren dieser Erdbestattung (und der erhofften Auferstehung) wird zum Schlüsselerlebnis für seine Kulturphilosophie. *Ja, die Kultur berauscht,* schreibt er in seinem Essay *Ein paar Worte über die georgische Kunst* von 1922 und führt die Analogie mit dem Wein noch weiter:

Ja, die Kultur berauscht. Die Georgier bewahren ihren Wein in engen, hohen Krügen auf und graben sie in die Erde ein. Darin liegt das Urbild der georgischen Kultur: Die Erde hat die engen, doch vornehmen Formen ihrer künstlerischen Tradition bewahrt, hat das von Gärung und Aroma erfüllte Gefäß versiegelt.
. . .
Nie hat die russische Kultur Georgien ihre eigenen Werte aufzwingen können.
. . .

* JEWGENIJ ONEGIN, S. 413.

50

Der Wein altert: darin liegt seine Zukunft, die Kultur gärt:
darin liegt ihre Jugend. Bewahrt eure Kunst, den in die Erde
eingegrabenen, engen Tonkrug! *

Kultur wird hier als dynamischer Vorgang fern aller
musealen Summierung definiert, als ein Umwand-
lungsprozeß, zukunftsreich und aller Statik fremd.

Doch Mandelstams Essay hat ein weiteres Anliegen.
Nachdem er den Georgien- und Kaukasus-Mythos der
russischen Dichter (Puschkin, Lermontow) skizziert hat,
erinnert er die zeitgenössischen Tifliser Dichter an ihre
eigene Kultur. Angesprochen sind Paolo Jaschwili und
Tizian Tabidse, die Wortführer der *Blauen Hörner*, einer
zunächst dem Symbolismus, dann dem Futurismus
nahestehenden literarischen Gruppierung in Tiflis, die
ihre Blicke avantgardefreudig nach Westen gerichtet
hatte und von Paris und Picasso ganz hingerissen war.

Darauf setzt der russische Dichter zu einem Loblied
auf die georgische Kunst an, wobei er vor allem den
georgischen »Naiven« Niko Pirosmanischwili (1860-
1918?) – *Wüßten die Franzosen um die Existenz Pirosma-*
nischwilis, sie kämen nach Georgien gefahren, um malen zu
lernen – und den Dichter Wascha Pschawela (1861-
1915) – *ein Wort-Orkan* – mit einem Porträt würdigt.
Leitmotiv des Essays bleibt der georgische Wein und
seine bedeutungsreiche Erdbestattung.

* Über den Gesprächspartner, Gesammelte Essays I,
  S. 95, 99.

Mandelstams Plädoyer für die georgische Kunst löste
heftige Polemik aus, Jaschwili und Tabidse schrieben
Erwiderungen, und das Ganze ergab eine recht absur-
de Situation: Ein russischer Dichter rehabilitiert georgische Kunst als Wegbereiterin der Moderne und wird
dabei von Vertretern dieser Moderne gerügt.

Mandelstams georgische Texte waren aber nicht immer so polemisch, und schon während seines ersten
Georgien-Aufenthalts im Sommer 1920 (als er in Batumi von den Menschewiken als angeblich bolschewistischer und »weißer« Doppelagent verhaftet wurde)
schrieb er für seine georgischen Freunde eine scherzhafte kleine Hymne auf die – sprichwörtliche – georgische
Geselligkeit und die Weinsorten *Teliani* und *Kachetins-
koje* (Wein aus Kachetien). Hier ist der Text:

> TIFLIS: *bucklicht, mir geträumtes,*
> *Saiten stöhnen – ein Genuß!*
> *Auf der Brücke läuft gehäuftes*
> *Volk, zur Teppich-Hauptstadt läuft es,*
> *Unten rauscht der Kura-Fluß.*
>
> *An der Kura gibts die Schenken,*
> *Pilaw-Reis, den lieben Wein,*
> *Ein Wirt mit roten Wangen schwenkt die*
> *Gläser her, ohne Bedenken*
> *Will er jetzt dein Diener sein.*
>
> *Runden Wein, den aus Kachetien*
> *Schlürft man gern im Keller ein –*
> *In der Kühle, der diskreten,*

Trinkt zu zweien, trinkt mit jedem,
Trinken soll man nicht allein!

In der kleinsten noch der kleinen
Schenken sitzt dein Trinkkumpan –
Frage nach »Teliani«-Weinen!
Tiflis wird im Nebel scheinen,
Und du schwebst darin voran.

Jeder Mensch wird auch mal älter,
Jungsein ist des Lammes Kunst,
Unterm schlanken Mond nun fällt der
Schaschlik-Duft dich an, gesellt er
Sich zu Wein und rosa Dunst . . .*

Das Gedicht feiert nicht nur die georgische Geselligkeit
und Trinkfreudigkeit, sondern macht auch ironische
Anleihen beim Mythos orientalischer Schenkenpoesie,
der persischen etwa, Omar Chajjams und Hafis'.

Es ist eine grausame Ironie der Literaturgeschichte,
daß auch Mandelstam ein paar Jahre später vorgeworfen werden sollte, er habe sich zu sehr für Paris und
Europa interessiert – nur kam der Vorwurf nicht von
einem wohlmeinenden georgischen Dichter, sondern
von staatlichen Handlangern der stalinistischen Litera-
turmaschinerie. Ein Oberton der 1928/1929 einsetzenden Kampagne gegen Mandelstam war der Vorwurf, er

---

* Ossip Mandelstam, TRISTIA, Gedichte 1916-1925 (in Vorbereitung).

sei ein Repräsentant des »bourgeoisen Westens« und interessiere sich nicht für den sozialistischen Aufbau und den anlaufenden ersten Fünfjahrplan. Mandelstam, nicht auf den Mund gefallen, schreibt am 11. April 1931 ein Gedicht, in dem er auf alles anstößt, was man ihm vorgeworfen hat:

Ich trink auf soldatische Astern, auf alles, für was man mich rügt:
Den prächtigen Pelz und mein Asthma, auf Petersburg,
gallig-vergnügt,

Musik von savoyischen Kiefern, Benzin auf den Champs-Elysées,
Auf Rosen im Rolls-Royce, aufs Öl der Pariser Gemälde-Allee.

Ich trink auf die Wellen, Biskaya, auf Sahne aus Krügen, alpin,
Auf Hochmut von englischen Mädchen und koloniales Chinin,

Ich trinke, doch bin ich nicht schlüssig, was ich wohl lieber noch
hab:
Den fröhlichen Asti Spumante oder – Châteauneuf-du-Pape . . .*

Das sarkastische Trinklied ist gleichzeitig eine kleine Hymne auf Europa, in der sich diverse Länder ausfindig machen lassen. Die Trinksprüche sind sehr sinnreich und hintergründig. Zunächst gilt es anzumerken, daß der Dichter, der hier auf den Rolls-Royce anstößt, zu

* MITTERNACHT IN MOSKAU, S. 69.

jener Zeit bereits Mühe hatte, jeden Tag die Grund-
nahrungsmittel beizuschaffen. Die enorme Diskrepanz
zwischen seiner tatsächlichen Armut und dem höchsten
Luxus eines Rolls-Royce soll die Absurdität gewisser
Vorwürfe sichtbar machen, gibt dem fröhlichen
»Trinklied« aber auch einen bitteren Beiklang.

Die Verleumdungsetiketten des Stalinismus wechsel-
ten gemäß einer bizarren Mode, und es fehlte ihnen
manchmal nicht an Phantasie: das konnte vom »klas-
senfeindlichen Element« bis zum »japanischen Spion«
gehen. Gegen Ende seiner dreijährigen Verbannungszeit in Woronesch wird Mandelstam auch noch »als
Trotzkist entlarvt« werden (in der Zeitung *Kommuna*,
23. April 1937). Das wußte er 1931 noch nicht.

In den *soldatischen Astern*, die blumenartige Bildsym-
bole auf Uniformspiegeln und Epauletten evozieren
könnten, verbirgt sich der Vorwurf, ein Repräsentant
des »militaristischen imperialistischen Westens« zu
sein: ein ebenfalls absurder Vorwurf an den Dichter,
der 1916 im Gedicht *Tierschau** eine pazifistische Ode
geschaffen hat.

Den *prächtigen Pelz*, dieses »aristokratische« Attribut,
erkennt jeder wieder, der mit Mandelstams autobio-
graphischer Prosa ein wenig vertraut ist. Im Text *Der
Pelz* (1922) ist die Geschichte dieses an Gogol gemah-
nenden Mantels aus zweiter Hand aufgezeichnet: In

---

* TRISTIA, Gedichte 1916-1925 (in Vorbereitung).

55

Rostow habe er ihn gekauft, auf der Straße, für drei Rubel, und *billiger als eine gedämpfte Rübe*.*

Die beiden Weinsorten, die das Gedicht abschließen, sind scherzhafte Sinnbilder für die Kultur Italiens und Frankreichs. Der Kenner mag die Stirn runzeln: Muß es für Italien gerade dieser allzu süße und prickelnde Schaumwein sein? Die Begründung, wer so viel vom *dolce stil novo* gekostet habe wie Mandelstam (sein *Gespräch über Dante* legt davon Zeugnis ab), wolle sich vielleicht gerade diesen süßen Wein wählen, wird nicht hinreichen: auch hier dürfte die (tief italienische) Lautgestalt des *Asti Spumante* den Ausschlag gegeben haben. Mit dem *Châteauneuf-du-Pape* wird auch der Weinkenner einverstanden sein.

Es fällt uns heute leicht, über all die köstlichen Trinksprüche zu lachen, doch sollte der dunkle Hintergrund der Epoche nicht vergessen werden, in der sich bald die Mehrzahl der Dichter in Selbstbezichtigung und Unterwürfigkeit vor Stalin winden wird. Schon 1931 hätte keiner mehr gewagt, derart frech auf alles anzustoßen, was sie ihm vorgeworfen haben.

Puschkins und Baratynskijs mehrdeutiger *Aÿ* – und damit die Poesie (*Das Gleichnis ist für dies und das*) – ist bei Mandelstam noch einmal staatsgefährdend geworden, nur hat der Wein Namen und Laut gewechselt. Asti Spumante *oder* Châteauneuf-du-Pape? Wer so

* Das Rauschen der Zeit, S. 127.

56

fragt, hat sich längst für beides entschieden, und damit: für Europa.

P. S. Gibt es auch bei Mandelstam Champagner? Ja sicher, und zwar einen sehr russischen, einen Petersburger Champagner, in einem der köstlichsten autobiographischen Einsprengsel in die Erzählung *Die ägyptische Briefmarke* von 1928, im Kapitel V:

Mehr als alles andere fürchtete man bei uns zu Hause den Ruß – den Ruß der Kerosinlampen. Der Schrei »Ruß! Ruß!« klang bei uns wie »Feuer! Es brennt!« Dann rannte alles in das Zimmer, wo die Lampe übermütig geworden war. Man schlug die Hände zusammen, blieb stehen und schnupperte in der Luft, welche wimmelte von lebendigen flatternden Teeblättchen mit langen Fühlern.

Man bestrafte die schuldiggewordene Lampe, indem man den Docht herunterschraubte.

Dann wurden unverzüglich die Lüftungsklappen an den Fenstern aufgerissen, und der Frost schoß als Champagner herein und durchdrang eiligst das ganze Zimmer, wo sich die Rußschmetterlinge mit ihren langen Fühlern auf den bestickten Decken und Kissenanzügen niederließen – drang herein als ein Äther der Verkühlung, ein Sublimat der Lungenentzündung.

– »Geh nicht hinein . . . das Lüftungsfensterchen . . .«, flüsterten meine Mutter und meine Großmutter.

Doch selbst durch das Schlüsselloch brach sie herein, die verbotene Frostkälte, der wunderbare Gast aus dem Reich der Diphtherie.*

---

* Das Rauschen der Zeit, S. 217 f.

SCHASCHLIK AUF DER KRIM

Bereits im *Tiflis*-Gedicht ist uns der Duft von Schaschlik, von gegrillten Hammelspießen in die Nase gestie-
gen. Hier wird er noch einmal zu spüren sein.

Auf der Flucht vor dem Hunger hielt sich Mandelstam während der russischen Bürgerkriegswirren auch
auf der Krim auf, etwa von Oktober 1919 bis August
1920, bevor er in Feodosia von den »weißen« Truppen
Wrangels als angeblich bolschewistischer Spion zum
erstenmal verhaftet wurde, dank Fürsprachebemühun-
gen freikam und nach dem georgischen Batumi aus-
reisen konnte, wo ihn die Menschewiken prompt – wie
bereits erwähnt – als angeblich bolschewistischen und
»weißen« Doppelagenten ein zweitesmal in Haft nah-
men.

Als Mandelstam endlich über Tiflis nach Moskau
zurückkehren konnte, schrieb er unter dem Titel *Feodosia* vier Erinnerungsskizzen an die Zeit, die er auf der
Krim verbracht hatte.

Feodosia ist eine Hafenstadt an der Südostküste der
Krim, eine sehr alte Stadt, das im 6. Jahrhundert
v. Chr. von den Griechen gegründete Theodosia, im
Mittelalter genuesische Kolonie, Zentrum des genuesi-

schen Handels im Schwarzmeerraum, und im russischen Bürgerkrieg Schauplatz verschiedener Machtwechsel und Besetzungen.

Die Anspielungen auf den Bürgerkrieg in jenen *Feodosia*-Skizzen sind knapp und vielsagend:

Die warme und sanfte Schafpelzstadt hatte sich in eine Hölle verwandelt. Der geachtete Stadtnarr, ein fröhlicher, schwarzbärtiger Karäer, lief bereits nicht mehr durch die Straßen mit seinem Gefolge von kleinen Bengeln.
...
Als ein grobkörniges Salz rieselten die winterlichen Sterne in den Hof. Und ich war froh, daß das Zimmer voll gebrauchten Atems war, daß sich jemand auf der anderen Seite der dünnen Wand zu schaffen machte und dabei war, eine Mahlzeit aus Kartoffeln, Zwiebelknollen und einer Handvoll Reis zuzubereiten. Das alte Mütterchen hielt ihren Mieter wie ein Vögelchen und meinte, man müsse ihm das Wasser wechseln, den Käfig putzen und Körner hinstreuen. In jener Zeit war es besser, ein Vogel zu sein statt ein Mensch, und die Versuchung, ein Vögelchen der alten Frau zu werden, war groß.*

In einem anderen autobiographischen Prosatext, *Die Menschewiken in Georgien* (1923), taucht auch kurz der erste Gefängnisaufenthalt auf, ein Schlaglicht nur, und gleich wieder Schluß:

Die Heimat Iphigenies war unter dem Soldatenstiefel völlig entkräftet. Auch ich hatte die geliebten, trockenen Wermuthügel Feodosias, das kimmerische Hügelland durch eine Gefängnisluke sehen und in einem kleinen, ausgebrannten Hof spazieren-

---

* DAS RAUSCHEN DER ZEIT, S. 112, 114.

gehen müssen, wo verängstigte Juden sich zu einem Haufen
zusammendrängten [...]*

Und dann ist da ein Gedicht, das den Titel *Feodosia*
trägt, im Sommer 1920 entstanden ist und – hier beginnt das Wunder – allen Bürgerkriegsereignissen seltsam entrückt scheint:

FEODOSIA

> *Umgeben rings von deinen hohen Hügeln*
> *Läufst du bergab wie eine Herde Schafe,*
> *Mit rosafarbenen, weißen Steinen glühend*
> *In deiner klaren Luft, der sommerhaften.*
> *Räuberfeluken schaukeln auf dem Wasser,*
> *Im Hafen brennt der Mohn der Türkenflaggen,*
> *Elastisches Kristall der Welle, Schilf der Masten,*
> *An Seilen Rettungsbötchen: Hängematten.*

> *In allen Tonarten, beweint von allen*
> *Singt man das »Äpfelchen« von früh bis spät,*
> *Der Wind trägt weiter fort den goldenen Samen*
> *Der nun verschwand und nie mehr wiederkehrt.*
> *Doch in den Gassen dort, kaum kommt der Abend,*
> *Fiedeln nach vorn gebeugt die Musikanten*
> *Zu zweit und dritt, mal falsch, doch nie erlahmend*
> *Ihre ganz unwahrscheinlichen Varianten.*

> *O buckelnasige Wallfahrer-Figürchen!*
> *O heitere mediterrane Menagerie!*
> *Vor den Hotelchen auf und ab gehn Türken:*

* DAS RAUSCHEN DER ZEIT, S. 154.

Ein Handtuch um den Kopf, stolzieren sie.
Man führt hier Hunde in Gefängnisfuhren,
Ein trockner Staubwind wirbelt um die Häuser,
Und kaltblütig unter Basarwelt-Furien:
Monumental der Koch vom Panzerkreuzer!

Gehn wir dorthin, wo Wissenschaften andres meinen
Und Handwerk heißt: Schaschlik und Hammelklöße,
Wo auch ein Aushängschild mit Hosenbeinen
Ein Bild uns gibt von unsrer Menschengröße.
Ein Männergehrock – kopflose Beeilung –
Dort ein Barbier samt Geige: fliegend, blechern,
Ein Bügeleisen, mesmerisch – Erscheinung
Himmlischer Wäscherinnen: Schweres Lächeln.

Hier denken unter Fransen späte Mädchen
Seltsame Kleider aus als Eskapade,
Und Admirale unterm Dreispitz möchten
Zum Traum den einen Traum Scheherazade.
Glasklare Ferne. Ein paar Trauben.
Ein immer frischer Wind will uns erreichen.
Smyrna und Bagdad liegen nah vor Augen,
Zu schwimmen: schwer! Die Sterne sind die gleichen.*

Was hier entsteht, ist ein Traum intakter und friedlicher
Alltäglichkeit. Feodosia verströmt noch immer animalische Wärme (wie eine Herde Schafe) und einen
Reichtum an Farben (rosige und weiße Steine, Mohn),
lebt von seinem orientalisch anmutenden, lässig betrie-

---

* TRISTIA, Gedichte 1916-1925 (in Vorbereitung).

benen Handel und beherbergt ein friedliches Personal: Musikanten, Wallfahrer, Türken, einen Koch, späte Mädchen und Admirale . . . Selbst Musik ist zu hören, und fragt auch keiner nach ihrer Qualität, so steht doch die Inbrunst außer allem Zweifel.

Den Aushängeschildern entsteigt eine ganze, zärtlich geschilderte Comédie humaine, und selbst *Wissenschaften* sind hier keine hohen Gedankengebäude, sondern meinen Bescheidenstes, Schlichtestes: *Hosenbeine*!

Mandelstam wäre nicht Mandelstam, würde die Idee der Behaglichkeit und der Wärme nicht auch durch eine Mahlzeit ausgedrückt, und die hier entstehende Lebenskultur resümiert nichts besser als der Schaschlik-Spieß und die mit dünnem Teig umbackenen Hammelfleischbällchen (Tschebureki).

Eine mediterrane und orientalisch angehauchte Idylle?

Nur ein Signal könnte beunruhigen, im 11. Vers: der *goldene Samen* (glücklicher Alltäglichkeit?) ist bereits weggetragen, fortgeweht worden. Der friedliche Alltag ist fragil, gefährdet.

Selbst *Scheherazade* könnte aufmerken lassen. Bedeutet sie nicht selber den Aufschub einer Hinrichtung? Denn der blutrünstige König Schehriyâr von Samarkand will die kluge Scheherazade nur solange verschonen, als sie ihn mit ihren Erzählungen zu fesseln vermag.

Die Gesetze von *Tausendundeiner Nacht* scheinen auch

das Feodosia-Gedicht zu regieren: der geträumte intakte Alltag wird solange dauern, wie das Gedicht anhält.

Ein Traum von unversehrter menschlicher Alltäglichkeit, geträumt in den Tagen des russischen Bürgerkriegs. Hier träumen alle, die späten Mädchen und die Admirale . . .

Und der Autor? Hat die Sterne vor Augen und den Orient – Bagdad, Smyrna – und mißt mit dem Blick die Distanz zum orientalischen Märchen ab. Eine Flucht aus der Condition humaine ist unmöglich. Kein Ausweg: überall die gleichen Sterne.

Im Gegensatz zu den mit Trauer gemischten Prosaskizzen atmet das Gedicht *Feodosia* Heiterkeit, fragile zwar, aber wirkliche. Ein Lächeln regiert das Gedicht, gewiß das Lächeln der Schwere, der Erdenschwere, aber ein Lächeln ist das ganz bestimmt. Als wären alle Erdbewohner himmlische Wäscherinnen mit ihrem Bügeleisen, der irdischen Last in Händen, und diesem vielsagenden Lächeln – zwischen Himmel und Erde.

FASAN, WACHTEL, WILDGESCHMACK
(DAS BUCH)

Gehen wir über die Krim hinaus, über das Schwarze
Meer hinweg nach Süd-Osten, in den Kaukasus, in
Mandelstams Traumland Armenien.

Auch wenn er dieses erste christliche Land der Welt,
dieses von der Bibel durchdrungene *Sabbatland* als ein
Stück Europa feiert, als einen Vorposten abendländi-
scher Kultur, ist Mandelstam 1930 während seiner
Reise durch Armenien doch immer wieder versucht, in
ihm auch orientalische Poesie aufzuspüren. Schon die
erste Strophe seines Gedichtzyklus *Armenien* (16. Okto-
ber-5. November 1930) bringt einen persischen Dichter
ins Spiel:

> *Die Rose des Hafis bewegst du,*
> *Umhegst deine Wildlings-Kinderschar*
> *Und achteckschultrig atmend lebst du*
> *In Stierhauptkirchen, unzähmbar.**

Auch im Prosawerk *Die Reise nach Armenien*, 1931/1932
entstanden, 1933 als letzte Publikation zu Mandel-

---

* MITTERNACHT IN MOSKAU, S. 9.

stams Lebzeiten in einer Zeitschrift erschienen, gibt es
zwei schöne Seiten, die von persischer Poesie sprechen.

*Gestern las ich Firdausi, und mir schien, als sitze auf dem Buch
eine Hummel und lutsche an ihm.*

*In der persischen Poesie wehen gesandtschaftliche, geschenk-
reiche Winde aus China.*

*Mit einer silbernen Kelle schöpft sie langes Leben, beschenkt
mit ihm jeden, der Lust hat auf dreitausend oder fünftausend
Jahre. Deshalb sind die Könige aus der Dynastie der Dschem-
schiden so langlebig wie Papageien.**

Das *Schah-Nameh* (Buch der Könige) von Firdausi (939-
1020 n. Chr.) bekommt Mandelstam in Armenien,
beim Staatsbibliothekar Geworkjan vorgesetzt, und
wenn er gleich zu Beginn die Süße dieses Buches ironisch hervorgehoben hat, so wird diese Eigenschaft am
Schluß der Passage ausbalanciert durch das eigentüm-
lich Herbe, Bittere, Wilde desselben Buches.

*Die Leser sind gehalten, ihre Neugier auf der Stelle, im Kabinett
des Direktors zu befriedigen, unter seiner persönlichen Aufsicht
– und die Bücher, die auf den Tisch dieses Satrapen gereicht
werden, bekommen den Geschmack von rosenfarbenen Fasanen,
bittren Wachteln, Moschushirsch und schelmischem Hasenbraten.***

Als sei das Buch ein Widerspruch in sich selbst, schildert es Mandelstam als Paradox aus Süße und Wildge-

---

* Ossip Mandelstam, Die Reise nach Armenien. Suhrkamp Verlag 1983, S. 93.
** Die Reise nach Armenien, S. 94.

schmack, als Ort einer Gegensätzlichkeit, die gerade seinen Reiz ausmacht.

Die orientalischen Gerichte, die da aufgetragen werden, sind bewußt märchenhaft gewählt, über-natürlich und archaisch, Dinge, die für die Statthalter und Würdenträger des antiken Persien gang und gäbe gewesen sein mögen, doch auf uns sagenhaft wirken und unserem Alltag (oder dem Moskauer Alltag) fernliegen.

Mandelstam hat so etwas nie gegessen – genau das bedeutet der Abschnitt: soviel märchenhaft Orientalisches wurde mir noch nie aufgetischt.

Das Buch wird hier als sinnlicher Genuß definiert, als ein Ereignis, ein luxuriöses Gericht, und man muß sich vielleicht noch einmal jenen Satz Mandelstams in Erinnerung rufen, daß *Poesie ein Luxus* sei, doch ein *Luxus, der so lebensnotwendig ist wie Brot und manchmal genauso bitter* (s. o., S. 25).

Das verschwenderisch Luxuriöse in dieser Aufzählung orientalischer Satrapen-Gerichte wird übrigens leise gestört durch das auch hier auftauchende Adjektiv *bitter*.

»Gestört« wird es auch durch den *Hasenbraten*. Ich erinnere mich genau, daß ich mir während des Übersetzens der *Reise nach Armenien* den Kopf darüber zerbrach, wie das den Hasenbraten begleitende Adjektiv angemessen zu übertragen wäre. Das seltsame Beiwort (russisch: plutowatyj) trieb mich zur Verzweiflung: Gab es irgendein Kochrezept oder eine Zubereitungsart dieses Namens oder heißt das Epitheton des Hasenbratens tatsächlich »zu Betrügereien neigend, durchtrieben, gaunerhaft«?

Die Fährte des besonders blumigen Namens für ein Gericht habe ich schließlich aufgegeben und mich der Lösung »moralische Eigenschaft des Hasenbratens« zugewandt.

Zwei Dinge kamen mir dabei zu Hilfe: im Deutschen zeigt sich eine Vorliebe für idiomatische Wendungen mit dem »Hasen«, die alle etwas leicht Anrüchiges, Durchtriebenes, Hinterlistiges bezeichnen: »ein alter Hase sein« (sich auskennen), »falscher Hase« (Hackbraten), »da liegt der Hase im Pfeffer« (da verbirgt sich die eigentliche Ursache), »einen Hasen machen« (Gaunersprache für »flüchten«).

Zweitens meint ja das betreffende Beiwort nicht nur den Hasen, sondern auch *das Buch*, und da kam mir ein Abschnitt aus Mandelstams Notizbuch zur *Reise nach Armenien* in den Sinn, ein Abschnitt, der wiederum vom Buch spricht, von seinem Wesen und seinen *Finten*:

Das auf dem Lesepult festgemachte Buch wird der Leinwand gleich, die auf den Spannrahmen gezogen ist.

Es ist noch kein Ergebnis der Leseenergie, doch bereits ein Bruch in der Biographie des Lesers; noch nicht Fund, doch bereits Beute. Ein Stück Flußspat . . .

Unser Gedächtnis, unsere Erfahrung und ihre Einsturzstellen, die Tropen und Metaphern unserer Sinnesassoziationen

fallen dem Buch zu, seiner unkontrollierten und raubgierigen Besitznahme.
  Und wie vielfältig sind seine taktischen Finten und die Listigkeiten seines Schaltens und Waltens.*

Wenn im Notizbuch das Buch als derart fintenreich präsentiert wird, darf der Hasenbraten *Buch* gewiß als schelmisch oder durchtrieben bezeichnet werden. Selbst wenn jetzt noch aus einem alten orientalischen Kochbuch ein Rezept mit blumigem Namen auftauchte, würde ich alles so stehenlassen.

Das Buch als sinnlicher Genuß, dieses Paradox aus Süße und Wildgeschmack, dieses luxuriöse orientalische Gericht, sei und bleibe bitteres Geflügel, Wild und *schelmischer Hasenbraten!*

---

* In einem geplanten Band der Mandelstam-Ausgabe des Ammann Verlages.

DAS TRAUBENFLEISCH GUTER GEDICHTE

War das Hauptgericht des Buches (nach dem Schaschlik) etwas zu exquisit, zu luxuriös? Tatsächlich warnt
Mandelstam in dem bereits zitierten Notizbuch von
1932 selber davor, den Leser allzusehr zu verwöhnen:

Man darf den Leser nicht ausschließlich mit Trüffeln füttern!
Letztlich wird er sich noch ärgern und dich zum Teufel schicken!
Noch weniger jedoch ist er mit dem Holzkäse unserer gutge-
meinten Kegelbahnliteratur zufriedenzustellen.
*   Meiner Ansicht nach ist selbst der leere Kokon einer Seiden-*
raupe weit besser als Holzkäse ... Laßt uns spüren, daß die
Dinge keine Kegelbahnen sind! Die Schlußfolgerungen überlas-
*se ich euch.**

Der *Holzkäse* stammt aus Moskauer Schaufenstern, wo
damals Attrappen aus Holz ausgestellt wurden, um den
Käse zu repräsentieren. Eine böse Satire! Das ist kein
echter und schmackhafter Käse, sondern Käse aus
Holz, der gerade noch dazu taugt, als Wurfkugel beim
Kegelspiel zu dienen. Nicht eben ein Kompliment für
die damalige Sowjetliteratur, die sich bereits für den

* In einem geplanten Band der Mandelstam-Ausgabe des
  Ammann Verlages.

groben Raster des »Sozialistischen Realismus« zurecht-
machte (und durch den Parteierlaß vom 23. April 1932
ohne viel Federlesens gleichgeschaltet wurde). Diese
»Kegelbahnliteratur« wird nicht mehr viele Nuancen
kennen, sondern grobschlächtiges Spiel und Gepolter
bleiben.

Wäre unser Geburtstagsmahl ein französisches,
müßte auch Käse aufgetischt werden. Da Mandelstam
jedoch diesen Gang mit dem Holzkäse der offiziellen
stalinistischen Kegelbahnliteratur assoziiert, soll er hier
übergangen werden.

Wie wär's mit ein paar Trauben?

Als Mandelstam im Oktober 1930 aus Armenien zu-
rückreist, beginnt er drüben in Georgien, in Tiflis, an
dem Gedichtzyklus *Armenien* zu arbeiten und findet seine Stimme als Lyriker wieder (fünf Jahre lang, vom
Frühjahr 1925 bis Oktober 1930, hat er keine Gedichte
mehr geschrieben). Armenien ist für ihn das Ursprüng-
liche und Unverbrauchte, Frische und Wildheit. So
verabschiedet er sich von Armenien in den letzten drei
Distichen von Gedicht III des Zyklus:

Eriwan, Eriwan! Stadt du, nein: röstfrische Nuß!
Breitmäulig Straßen, die wirresten Babylons – mir ein Genuß!

Kopfloses Leben, verwetzt und zerlesen wie Mullahs Koran,
Meine Zeit liegt auf Eis, doch mein Blut, wie es brennt –
                                   es ist noch nicht vertan.

72

Eriwan, Eriwan! Nichts mehr! Ich werd nichts mehr
brauchen,
Will nichts mehr, Eriwan, nicht deine eisigen
Trauben!*

Die eiskühlen Trauben stehen hier für die Fülle Armeniens, die der Reisende nicht mehr braucht, weil er sie erlebt hat.

Trauben hat Mandelstam immer wieder mit Gedichten assoziiert, wobei das russische Wort auch die Beziehung zum Wein offenlegt: *winograd* bezeichnet sowohl die Pflanze (den Weinstock, die Rebe) als auch die Frucht (die Traube), und etymologisch sogar den Weinberg, den abgegrenzten, umhegten Weingarten (*Garten* und *grad* stammen vom selben Vorfahren ab). Kurz: das erwünschte Endprodukt, der Wein, schwingt hier immer mit.

Die schönste Stelle findet sich in einem Gedicht vom 18. Juni 1932, das Mandelstam einem von ihm verehrten Klassiker widmet, Konstantin Batjuschkow (1787-1855), dem Elegiendichter und Bewunderer der italienischen Renaissance, Petrarcas, Ariostos und Tassos – die Mandelstam selber zu dem Zeitpunkt am liebsten liest. Mandelstam spricht den russischen Klassiker als Nachbarn an – Distanz wird heiter abgeschafft, die zeitlichen Gräben sind überwunden. Die Anspielung *Er, der den Tasso beweint hat* bezieht sich auf Batjuschkows

* MITTERNACHT IN MOSKAU, S. 13.

Elegie *Der sterbende Tasso* von 1817 – Batjuschkow fiel
übrigens 1821 in geistige Umnachtung, wie sein Lieblingsdichter Tasso, und starb über dreißig Jahre später,
ohne aus seiner Geisteskrankheit in die Poesie zurück-
gefunden zu haben. Hier ist das Gedicht:

BATJUSCHKOW

Wie ein Genießer, den Zauberstock zückend –
Zärtlicher Batjuschkow, Nachbar, mir lieb . . .
Geht durch die Gassen und über die Brücke,
Riecht an der Rose, macht Daphne ein Lied.

Nichts gibt's, so glaube ich, was uns je trennte,
Also hab ich ihn begrüßt, mich verneigt:
Kalt seine hellweiß behandschuhten Hände –
Fiebernd mein Händedruck, glühend vor Neid.

Er aber lächelte. Ich murmle »danke«,
Sprach ganz verlegen, die Zunge war schwer:
»Nirgendwo feiner die Klänge und schlanker,
Keiner kann das – dieses Murmeln des Meers . . .«

All unser Leiden und unseren Reichtum –
Er hat sie, stammelnd, für uns überbracht:
Glocke der Brüderschaft, Rauschen der Dichtung,
Wolkenbruch-Tränen, harmonische Fracht.

Er, der den Tasso beweint hat, nun spricht er:
»Selten noch hat man mir Lob aufgetischt;
Einzig das Traubenfleisch guter Gedichte
Hat mir bisweilen die Zunge erfrischt.«

Laß nun die staunenden Brauen sich sträuben,
Städter du, und allen Städtern ein Freund!
Gieße wie Blutproben – ewige Träume
Aus einem Glas in das nächste hinein . . . *

Das erfrischende *Traubenfleisch guter Gedichte* kann einer
bei Mandelstam selber beziehen, wann immer ihn die
Lust dazu ankommt: die Strophe spricht durchaus
auch von seiner Poesie.

Eine Gedichtzeile als Rebenzeile, oder eben als Traubenzeile (als Zeile von *winograd*) tritt uns in einem
Gedicht desselben Jahres entgegen, in dem Gedicht *An
die deutsche Sprache* vom 8.-12. August 1932. Mandelstam reist hier zurück ins deutsche 18. Jahrhundert,
nach Frankfurt – wo vielleicht im jüdischen Ghetto
einst seine Vorfahren lebten? Doch er spricht nur von
der Sprache, von der deutschen Sprache – und ihrer
Gefährdung: im Jahr vor Hitlers Machtergreifung sieht
er *neue Pest* und *sieben Jahre Blut* kommen, und formuliert dennoch sein Vertrauen in die deutsche Sprache
und in ein seltsames Ur-Buch der Poesie:

AN DIE DEUTSCHE SPRACHE

Mir zum Ruin, mir selber widersprechend,
Wie eine Motte in die Flamme schwankt,

* MITTERNACHT IN MOSKAU, S. 129.

Will ich aus unsrer Sprache fort! Aufbrechen –
Nur dem zuliebe, was ich ihr verdank.

Denn zwischen uns herrscht Lob, ohne zu schmeicheln,
Die Freundschaft lebt auch ohne Heuchelei –
So lernen wir denn Ernst und Ehre leichter
Im Westen dort, in fremder Kumpanei.

Du Poesie! Du brauchst Gewittertoben!
Erinnre mich an einen deutschen Offizier:
Um seinen Degengriff rankten sich Rosen,
Sein Mund – der Göttin Ceres nie verliert . . .

In Frankfurt damals, als die Väter gähnten,
Von einem Goethe war da noch kein Wort,
Ersann man Hymnen, hüpften Pferdemähnen
Und tänzelten, wie Lettern, stets an Ort.

Ihr Freunde, waren wir schon in Walhalla,
Wo man zusammen seine Nüsse knackt?
Und welche Freiheit gab es da, für alle?
Auch Wege, die ihr mir gewiesen habt?

Und geradewegs aus schönen Almanachen,
Aus ihrer Neuheit, grandios und fein,
Stiegen wir ohne Angst in unsern letzten Nachen,
Wie in den Keller, um einen Krug von Moselwein.

Die fremde Sprache wird mir einst zur Hülle,
Und lang bevor ich's wagte: das Geborensein,
Da war ich Letter, war ich Traubenzeilen-Fülle,
Ich war das Buch, das euch im Schlaf erscheint.

76

Als ich noch schlief, gesichtslos, unentwickelt,
Da weckte mich die Freundschaft wie ein Schuß.
Gott-Nachtigall, gib mir Pylades' Schicksal,
Sonst nimm mir meine Zunge – kein Verlust.

Gott-Nachtigall, sie wollen mich wieder mischen
Zu neuer Pest und Sieben Jahren Blut.
Der Laut hat sich verengt, die Worte zischen,
Du aber lebst, und ich – der in dir ruht.*

Jener deutsche Offizier des 18. Jahrhunderts wurde in der ersten Fassung des Gedichtes** noch namentlich genannt: Ewald Christian von Kleist (1715-1759), Dichter und Soldat, Idylliendichter, Verfasser des Lehr- gedichtes *Der Frühling* (1749), Freund Lessings, der als preußischer Major im Siebenjährigen Krieg in der Schlacht gegen die Russen bei Kunersdorf den Tod fand. Hier nun, im Gedicht *An die deutsche Sprache*, taucht Kleist in die Namenlosigkeit zurück.

Vor seine eigene Geburt zurück geht Mandelstam in der 7. Strophe, wo er *Letter* ist, *Traubenzeile, Buch.* Poesie ist hier mythische Vor-Existenz, Ur-Buch, Ur-Traum des Menschen, reine Universalität, und wenn das ab- strakt und philosophisch sein könnte, im Gedicht ist es – als markantes Gegengewicht – Frucht, Traubenfleisch, *Traubenzeile,* weil das Gedicht nicht Traktat sein mag, sondern konkretes Fruchtfleisch, das Gaumen und

---

* MITTERNACHT IN MOSKAU, S. 139 f.
** IM LUFTGRAB, S. 53.

Zunge erfrischt – wie im *Batjuschkow*-Gedicht. Will man mystische Themen bei Mandelstam ausmachen, hat man vorsichtig zu sein. Nie darf das zu mystischem Geraune ausarten. Mandelstams ganzes Werk ist ein Appell zu Präzision und Konkretheit, und schon in seinem frühen Essay *François Villon* von 1913 bekennt er sich zu einer *trockenen* und *rationalen Mystik*.*

Ob er sich nicht in der 7. Strophe des Gedichtes *An die deutsche Sprache* für einmal mit der jüdischen Mystik trifft, für die die Thora Vor-Existenz ist, die der Wirklichkeit vorausgehende *Schrift*? Es steht geschrieben . . .

Und die Traube seiner *Traubenzeile*? Ist es nicht die Traube, die die Kundschafter aus dem Gelobten Land zurückbrachten (Numeri, IV. Buch Mose, 13) als Symbol der Verheißung und künftiges Sinnbild des Volkes Israel? Darf man von alledem absehen in Mandelstams Gedicht *An die deutsche Sprache*? Ich denke: nein.

Mandelstam skizziert eine Begegnung von jüdischer Mystik mit dem deutschen 18. Jahrhundert der Aufklärung, eine Hochzeit von Kabbala und Ratio. 1932, im Jahr vor Hitlers Machtergreifung! Und *neue Pest* und *sieben Jahre Blut* vorausahnend, formuliert er klar sein Vertrauen in die deutsche Sprache. Woher nur nimmt er soviel Zuversicht? Aus dem Wort, aus dem Ur-Buch, aus dem Traubenfleisch der Schrift.

---

* Über den Gesprächspartner, Gesammelte Essays I, S. 33.

Die Kundschafter mit der Traube (Numeri 13),
Heidelberger Armenbibel, um 1430,
Universitätsbibliothek Heidelberg.

WAS ISST EWIGKEIT?

Jetzt wo wir zum Nachtisch kommen, will ich nicht
verschweigen, daß mir das folgende Gedicht besonders
gut gefällt. Ein Liebesgedicht, oder noch etwas anderes
dazu? Es stammt aus dem sogenannten *Arbenina*-Zyk-
lus, jenen Gedichten, die ein verliebter Mandelstam der
Schauspielerin Olga Arbenina zugedacht hat; doch
Biographisches soll uns hier nicht allzusehr interessie-
ren. Hier ist dieses Gedicht vom Dezember 1920:

> WIE SCHADE, *daß nun Winter ist*
> *Und keine Mücken mehr im Haus zu hören.*
> *Doch wolltest du nicht eben erst*
> *Den leichten Strohhut herbeschwören?*
>
> *Libellen schrauben sich ins Blau,*
> *Gleich einer Schwalbe kreist – die Mode:*
> *Ein Körbchen auf den Kopf, genau*
> *So schwülstig hoch wie eine Ode?*
>
> *Kein Rat für dich hier, ja was red ich,*
> *Ausreden nutzlos, alle Male!*
> *Geschmack von Sahne nur ist ewig,*
> *Geruch einer Orangenschale.*

Und aufs Geratewohl beweist
Du alles, macht nichts, schöne Flausen.
Was tun, der allerzarteste Geist
Lebt auch am liebsten draußen.

Gereizt dein Löffel, du in Not,
Das Eigelb endlich zu erweichen.
Es ist erbleicht, es liegt halbtot.
Und trotzdem schlägst du's noch ein Weilchen.

Es ist gewiß nicht deine Schuld,
Wozu noch Für und Wider reihen?
Bist wie geschaffen für Tumult,
Komödienreife Zänkereien.

An dir reizt alles, alles singt
Wie italienische Rouladen.
Dein kleiner Kirschenmund will flink
Jetzt herbe Trauben haben.

Versuch auch nicht, zu klug zu sein,
Du bist die Laune, bist nicht ewig,
Der Schatten von dem Hütchen – ein
*Maskenbild wie in Venedig.**

Seltsames Dezembergedicht! Ein »uneigentliches«
Wintergedicht voller Libellen, Früchte und leichter
Hüte. Ein Wintergedicht, das um jeden Preis den –
verlorenen – Sommer beschwören will: Selbst die *Mük-*
ken wären Garanten für diese Zeit der Fülle.

* TRISTIA, Gedichte 1916-1925 (in Vorbereitung).

Liebesgedicht oder Abschiedsgedicht? Die Unmöglichkeit scheint bereits festzustehen (der Sommer ist fern), und der männliche Sprecher steht nur noch als Komparse neben den Überresten der gescheiterten oder nie zustande gekommenen Beziehung.

Das Szenario wäre furchtbar banal, wenn nicht etwas ganz anderes in das Gedicht eingeschrieben wäre. Die beiden »verunglückten« Partner führen ein Gespräch, sei's über Hüte und Moden oder die Zubereitung eines Kuchens, doch das Gedicht treibt eine andere Frage um: Was ist Ewigkeit? Was hat Dauer, was ist vergänglich?

Das Gedicht ist auf beinah groteske Weise bemüht, in sich die Flüchtigkeiten und Vergänglichkeiten immer wieder zu überbieten. Eintagsmückenschwarm eines vergangenen Sommers – die Vergänglichkeitsprozession geht von Mücken und Strohhüten über die Moden, Ausreden und Launen bis zum Karneval in jener Stadt, die nicht mehr zu überbietendes Symbol der Vergänglichkeit ist: Venedig.

Zur Vergänglichkeitsversammlung gehört auch die Selbstironie! Mandelstam hat alles Erhabene von sich geschoben und ironisiert selbst die eigene dichterische Arbeit (*So schwülstig hoch wie eine Ode?*), denn er ist ja unter anderem auch, von der pazifistischen »Friedensode« *Tierschau* (1916) bis zur *Griffel-Ode* (1923), eine Art Odendichter oder Autor odenähnlicher Gebilde, worüber er sich hier nun offen lustig macht.

Durchtrieben selbstironisch ist es auch, wenn implizit das arme männliche Opfer mit dem geschlagenen *Eigelb* gleichgesetzt wird, das die angesprochene Frau so sadistisch lange mit dem Löffel traktiert.

Hier herrscht die Leichtigkeit, und der *allerzarteste Geist*, der *auch am liebsten draußen lebt*, dürfte nichts anderes sein als: Luft.

Und nun zum Eigentlichen. Mitten im Gedicht bäumt sich plötzlich etwas gegen all diese Vergänglichkeitsversammlung auf, etwas wird *ewig* genannt! Man traut seinen Ohren kaum: Schlagsahne, Orangenschale. Oder genauer: das, was ihm in die Nase steigt, während er der Frau zusieht, die den Kuchen zubereitet, und das, wovon er vielleicht mit einem vorschnellen Finger gekostet hat. Geschmack von Schlagsahne und Geruch von Orangenschale. Ein kleines Denkmal zu Ehren der sinnlichen Wahrnehmung. Wenn etwas *ewig* genannt werden kann, dann sind sie es – die Sinne.

Hier ist es nicht unnütz, sich in Erinnerung zu rufen, daß bereits Mandelstams erste Gedichtsammlung *Der Stein* (1913, erweitert 1916) leitmotivisch durchzogen ist von einer *Revolte gegen die Ewigkeit* oder gegen das, was üblicherweise für ewig gehalten wird.

Bereits in einem der frühesten Gedichte, von 1910, das uns ebenfalls *Libellen* bringt wie das bereits zitierte:

> *Und fließt in eisigen Diamanten*
> *Nichts als der Frost der Ewigkeit,*

> *So stehen hier Libellenaugen –*
> *Zittriges Blau, kurzlebig-leicht.* *

Mandelstams Gedichte sind eine Warnung an Dichter
und Leser: vor vordergründig Großen Themen, vor der
Versuchung, sperrige Ewigkeit ins Gedicht zu zwän-
gen. Hier eine Strophe aus einem anderen Jugendge-
dicht (1909/1910):

> *Und sprecht mir nicht von Ewigkeit –*
> *Kein Raum für sie hier, kein Wohin.*
> *Doch wird sie mir wohl eh verzeihn*
> *Daß ich so liebend – sorglos bin?***

Noch einmal zum Gedicht *Wie schade, daß nun Winter ist.*
Ein Liebes- und Abschiedsgedicht, doch auch ein Ge-
dicht, das davon spricht, was Poesie *kann*, was ihre
Magie zu bewirken vermag: etwa mitten im Dezember
einen Sommer zu beschwören mit allem Zubehör von
Mücken und Libellen. Oder Ewigkeit dort aufzuspü-
ren, wo sie beim besten Willen keiner je vermutet hätte.
In der Schlagsahne, in der Orangenschale.

---

* Ossip Mandelstam, DER STEIN, Frühe Gedichte 1908-
1915. Ammann Verlag 1988, S. 31.
** DER STEIN, S. 179.

DIE NUSSTORTE

Das soeben zitierte Gedicht hat uns Vorbereitungen für
einen Kuchen erspähen lassen, Geruch und Geschmack
erahnen lassen, doch keinen *vollendeten* Nachtisch beschert. Das im folgenden beigebrachte zeigt einen ganzen Kuchen – und scheint ihn auch sofort wieder
wegzurücken.

Der Kontext ist ernster, zehn weitere Jahre sind ver-
gangen, wir sind im Jahr 1930. Das angesprochene Du
ist hier Mandelstams Frau, Nadeschda. Sie erinnert
sich in ihren Memoiren: Auf der Rückreise aus Armenien, bereits im georgischen Tiflis, brachte ihre Tante
eine hausgemachte Nußtorte den Mandelstams ins Hotel, weil der 30. Oktober war, Nadeschdas Namenstag.
Daß »Nadeschda« auf deutsch »Hoffnung« heißt, ist
vielleicht eine Nebenfährte, doch kein Abweg. Zu dem
fröhlichen Anlaß schuf Mandelstam dieses kleine Gedicht:

> DIE ANGST *ist bei uns, mit im Bund,*
> *Gefährtin du – mit breitem Mund!*
>
> *Ach, wie bröcklig der Tabak,*
> *Du Freundchen, Narr und Nüßchenknack!*

Wir könnten lebenslang wie Stare pfeifen
Und Torten essen, Nüsse greifen . . .

*Unmöglich, geht nicht, weggepackt.**

Die Situation ist mit jener im bereits zitierten Gedicht *In der Küche setzen wir uns hin* des Brot-Kapitels verwandt: Ein Wir regiert das Gedicht, Du und Ich sind schon im ersten Vers zusammengerückt.

Die spöttischen Beschimpfungen sind nur scheinbar solche (Freundchen, Narr, Nußknacker), es sind Kosenamen, vereinbarte Neckereien. Der *breite Mund* Nadeschdas soll öfter Gegenstand zärtlich-neckenden Spotts von seiten Mandelstams gewesen sein. Auch im *Nußknackerchen* wird auf den breiten Mund angespielt. Der Nußknacker-Kosename Nadeschdas durchdringt und eint das ganze Gedicht: breiter Mund – Nußknacker – Nußtorte!

Doch da darf nicht vergessen werden, daß neben dem Du und Ich, neben diesem Wir ein Drittes gleich zu Beginn ins Gedicht tritt: die Angst. Mit der Angst leben . . . Dieses Dritte im Bunde ist eine wichtige Nebengestalt in Mandelstams Werk seit der Nachtmahr-Erzählung *Die ägyptische Briefmarke* (1928), wo es heißt:

Die Angst nimmt mich bei der Hand und führt mich. Ein weißer zwirnener Handschuh. Ein Handschuh ohne Finger. Ich liebe,

* Mitternacht in Moskau, S. 7.

*ich verehre die Angst. Beinah hätte ich gesagt: Wenn sie bei mir
ist, habe ich keine Angst!* *

Der bröckligeTabak bringt weitere sowjetische Realität
ins Gedicht. Nadeschda Mandelstam erinnert sich, daß
in Moskau zu Beginn der dreißiger Jahre durch die
Dorfzerstörungen im Rahmen des ersten Fünfjahrplans
und der Entkulakisierung bereits Hunger herrschte. In
Tiflis aber seien die Basare noch übervoll gewesen, nur
beimTabak habe man dieVeränderung gespürt: Es war
nicht mehr der vorzügliche Kaukasustabak, sondern
getrockneter Ausschußtabak, der tatsächlich *bröcklig*
gewesen sei.

Und in dieser bereits bröckelnden Versorgungslage
kommt die den Mandelstams als Geschenk überbrach-
te Nußtorte ins Hotel, Sinnbild für Fülle und Behaglichkeit, die sich schon bald – Mandelstam ahnt es, im
letzten Vers – als *unmöglich* herausstellen sollte.

Mandelstam wollte dieses Gedicht an den Anfang
seiner *Neuen Gedichte* setzen, die nach fünfjährigem
Schweigen im Oktober 1930 inTiflis neu aufkommende
Lyrik mit diesem kurzen, siebenzeiligen Gedicht begin-
nen lassen (die mystische Zahl Sieben soll ihm hier für
einmal nicht unwichtig gewesen sein). Auch wenn die
ersten Gedichte des *Armenien*-Zyklus ab dem 16. Oktober entstehen: Erst am 30. Oktober, dem Namenstag
Nadeschdas und der Hoffnung, bekommen die *Neuen*

* DAS RAUSCHEN DER ZEIT, S. 240.

Gedichte, Mandelstams lyrisches Spätwerk der dreißiger Jahre, ihren eigentlichen Anfang.

Ein kurzes Gedicht, das in der Tat das ganze Spätwerk in sieben Zeilen in sich trägt: die Angst, die gegenwärtige Fülle, das Wissen darum, daß sie schon bald unmöglich sein wird.

Die Nußtorte ist auch konkretes Sinnbild für den Glücksfall (Aufschub und Atempause), den die Reise nach Armenien für Mandelstam bedeutete. Es hat also seine Logik, wenn das Nußtorten-Gedicht dem *Armenien*-Zyklus vorangestellt ist. Man erinnere sich an die alte armenische Legende, die Mandelstam im letzten Kapitel seiner *Reise nach Armenien* nacherzählt und dabei durchscheinen läßt, daß es sich um eine Spiegelung seiner eigenen Situation handelt. *Er* ist der gestürzte König Arschak. *Darmastat* ist eine Maske für Nikolaj Bucharin, der ihm mit seiner Einflußnahme die Reise erst ermöglicht hatte. Der *Assyrer* ist Stalin.

16. Als man zu den Belohnungen kam, legte Darmastat in die spitzen Ohren des Assyrers eine Bitte, die kitzelnd war wie eine Feder:
17. Gib mir Durchlaß in die Festung Anjusch. Ich will, daß Arschak einen einzigen zusätzlichen Tag verlebt, einen Tag voller Klänge, Speisen und Düfte, wie es früher war, als er sich auf der Jagd vergnügte und junge Bäume pflanzte.*

Die Nußtorte ist ein Attribut jenes *einzigen zusätzlichen*

---

* DIE REISE NACH ARMENIEN, S. 126.

Tages voller Klänge, Speisen und Düfte. Ihre künftige *Unmöglichkeit* schafft die Tatsache nicht aus der Welt, daß sie einmal ganz wirklich da war. Eine Nußtorte eröffnet Mandelstams Spätwerk.

GÖTTLICHES EIS

In Mandelstams erster Gedichtsammlung *Der Stein*
(1913, erweitert 1916) steht unweit der großen *Ode an
Beethoven* und unweit der Gedichte aus Mandelstams
sogenannter »katholischen Phase« ein seltsames Gedicht von 1914, das ebenfalls religiöses Vokabular ent-
hält, doch von etwas ganz anderem spricht: von Eis.
Gemeint ist Speiseeis, Eiscreme. Und das sollte bei diesem Geburtstagsmahl nicht fehlen und wird sogleich
aufgetischt:

> »GEFRORENES!« *Sonne. Die Luft – ein Biskuit.*
> *Beschlagen das Glas voll von eiskaltem Wasser.*
> *Und hin zu den milchigen Alpenterrassen –*
> *Ins Land der Schokolade: unser Traum, wie er fliegt!*
>
> *Ein Löffelchen klirrt. Dann dein artiger Blick –*
> *Daß du gnädig versorgt seist von Backpulver-Grazien,*
> *Inmitten der Lauben, bestaubten Akazien*
> *Zerbrechliche Kost auf die Zunge dir schiebst.*
>
> *Leierkastens Bruder, mit farbigem Bauch:*
> *Ein fahrender Eisschrank kommt plötzlich gezogen –*
> *Ein Junge schaut aufmerksam-gierig von oben,*
> *Sein Blick: in die herrliche Truhe getaucht.*

Kein Gott weiß, in was er in Kürze da beißt:
Hat er diamantene Sahne, hat er Waffeln genommen?
Doch schnell wird verschwinden, was glänzt in der Sonne,
*Ein Hauch nur – und weg ist das göttliche Eis!**

Derselbe Dichter, der Texte gegen Stalin verfaßt,
1923 sehr ernsthaft mit Ho Chi Minh ein Interview
gemacht** und im Umkreis der Oktoberrevolution
Gedichte geschrieben hat, in denen er die ganze abend-
ländische Kulturfracht in bizarren Ritualen herzau-
berte und aufleben ließ – derselbe Dichter hat auch das
Simple und das Modische ironisch besungen, das
Stummfilmkino, die Sportarten Tennis und Fußball,
den modernen Tourismus***, und hier also auch das
Vergänglichste, das am allerschnellsten Wegschmelzen-
de: das Eis, das jeder, der Sprecher des Gedichtes wie
der beobachtete Junge, und ganz gewiß auch der Leser,
auf der Straße – und im Gedicht! – genießen kann.

Ein Gedicht, das scheinbar von nichts anderem
spricht als von Eiscreme. Das scheinbar leichtsinnigste
Gedicht. Und wenn es sein tiefsinnigstes wäre?

Spricht es nicht vom Leben, vom ganzen Sein und
dessen Gefährdung, von seiner Tendenz, sehr schnell
wegzuschmelzen? Warum *göttliches* Eis? Was ist das *gött-*
liche Eis anderes als das Leben selber? Die pure Zer-

* DER STEIN, S. 135.
** ÜBER DEN GESPRÄCHSPARTNER, Gesammelte Essays I,
S. 235-238.
*** DER STEIN, S. 105, 109, 111, 187.

94

brechlichkeit, die fragile Gabe, in der ein göttlicher Funke hausen könnte.

Markant ist die Tendenz dieses Gedichtes, religiöses Vokabular einzuschmuggeln, wo man es eigentlich gar nicht erwartete. Es zeigt Einsprengsel von äußerst archaischem, kirchenslawischem Wortschatz, der in der deutschen Übertragung kaum spürbar zu machen ist. Für die *zerbrechliche Kost* etwa das uralte: *sned'*, oder das Verb »wissen« in der Zeile *die Götter wissen nicht*: archaisch als *ne wedajut*.

Ein Gedicht, in dem Triviales auf Sakrales prallt, betont Umgangssprachliches auf Einsprengsel von Liturgie. Von Eiswaffeln ist da die Rede, vom Traumland der Schokolade – und von Göttern . . .

Wenn das Gedicht also nicht nur von Eiscreme spricht, sondern auch vom Leben, so kann man nicht übersehen, daß es in einem Vers auch von der *Freiheit* spricht, dieses Leben zu nutzen:

> *Kein Gott weiß, in was er in Kürze da beißt:*
> *Hat er diamantene Sahne, hat er Waffeln genommen?*

Das zerbrechliche Geschenk des Lebens wird für einen Augenblick der Macht der Götter entzogen. Einen Moment lang gibt es die Möglichkeit der Wahl, die jedem zusteht. Auch der Sprecher des Gedichtes weiß nicht mehr als die Götter, weiß nicht, was der Junge wählen wird. Dem Straßenjungen und Menschen gewährt das Gedicht den kurzen Augenblick der ihm zustehenden

freien Wahl, erinnert ihn aber sofort an die Vergänglichkeit des Geschenks:

> *Doch schnell wird verschwinden, was glänzt in der Sonne:*
> *Ein Hauch nur – und weg ist das göttliche Eis!*

Verweilen wir nicht zu lange bei diesem Gedicht, be-
schweren wir nicht allzusehr seine Schwerelosigkeit.
Einen Hauch nur und weg! Für einen Augenblick aber
ist eine zweite Lektüre vielleicht möglich erschienen,
kurz und vergänglich wie jene Möglichkeit der Wahl,
wie die Gabe des Lebens, wie das göttliche Eis.

Doch auch eine erste und »oberflächliche« Lektüre
gefällt mir, und einem Leser, dem die zweite Lektüre
dieses »harmlosen« Gedichts als Überinterpretation
fernliegt, kann ich mit ebenso großem Vergnügen und
guten Gewissens versichern: Dieses Gedicht spricht *nur*
von Eiscreme.

P. S. Wenn Mandelstam an Cézanne denkt, denkt er
auch an Eiscreme. Im blendenden Malerei-Kapitel seines Prosawerks *Die Reise nach Armenien*, im Kapitel *Die*
Franzosen:

> *Grüß Dich, Cézanne! Herrlicher Großvater! Großer, unermüd-*
> *licher Arbeiter. Beste Eichel der französischen Wälder.*
> *Seine Malerei ist beim Dorfnotar auf dem Eichentisch be-*
> *glaubigt worden. Er ist unerschütterlich wie ein Vermächtnis,*
> *das mit klarem Verstand und beharrlichem Erinnerungsvermögen*
> *aufgesetzt wurde.*

*Doch mich fesselte eine Nature-morte des Alten. Rosen, die
zweifellos am selben Morgen geschnitten worden waren; prall
gefüllte, dicht gerollte, besonders junge Teerosen. Ganz genau
wie Kugeln von gelbem Sahne-Eis!**

* Die Reise nach Armenien, S. 71 f.

MANDARINEN UND KAFFEE,
KAFFEE UND CURAÇAO

Noch ein Gedicht vom uneigentlichen Winter (nach
jenem vom Dezember 1920, das voller Sommer und
Libellen war), von einem untypisch milden Petersburger Winter, unter dem Datum des 17. Dezembers 1924:

O IHR HÄUSER, *nicht hoch gebaut, mit Fenster-*
Quadraten –
Grüß dich, Winter in Petersburg, du milde geratner!

Und die Eisbahn ragt auf, wie die Gräten vom Hecht,
Stehn im Flur rum, im blinden: ja den Schlittschuhn
gehts schlecht.

Kam da auf dem Kanal noch ein Töpfer gefahren
Und verkauft auf granitener Treppe seine rot-irdene Ware.

Graue Stiefel beim Kaufhof, die gehn so gestelzt,
In der Hand die Mandarine: sie schält sich von selbst.

Der Kaffee, frisch geröstet, wird nach Hause dich locken,
Die elektrische Mühle her: dann fließt goldener Mokka.

Ja ihr Häuser, nicht hoch, ziegelbraun-schokoladen,
Grüß dich, Winter in Petersburg, du milde geratner!

Wartezimmer mit Flügeln, in Sesseln sich aalen:
Dich bewirten Doktoren mit alten Journalen.

Nach dem Bad, nach der Oper, egal, wo und wann.
*Diese kopflose letzte: die Wärme der Tram.**

Es ist eines der letzten Gedichte vor Mandelstams
Schweigeperiode (1925-1930), während der er keine
Gedichte schreiben wird. Eine letzte Jagd nach Wärme?

Zunächst herrscht die reine Verwunderung über die
ungewöhnliche Milde in diesem Petersburger Dezember – nicht einmal die Seitenkanäle der Newa sind
vereist, und ein Töpfer, der vermutlich vom Ladoga-
See kam, konnte da vor kurzem noch das tun, was er im
Winter sonst nie und nimmer tun würde: seine Töpfe
verkaufen.

Keiner fährt Schlittschuh, hier regiert die Milde und
die Wärme. Zwei Dinge verkörpern für Mandelstam
ganz speziell diese südlich anmutende Wärme. *Manda-*
rinen bilden den Kontrast zum Grauton der Umgebung
(die *grauen Stiefel*), Mandarinen bringen das Licht des
Südens für einen Augenblick nach Petersburg. Jenes
Licht des Südens, das Mandelstam in Georgien gefunden hatte, am Südostrand des Schwarzen Meeres, in
Batumi – man denke an seinen autobiographischen
Text *Die Menschewiken in Georgien*, den er im Vorjahr,
1923, veröffentlicht hatte:

* Tristia, Gedichte 1916-1925 (in Vorbereitung).

Orangenhaus. Eine Stadt wie ein Kolibri. Eine Stadt der Palmen in Waschzubern. Eine Stadt der Malaria und zarter japanischer Hügel. Eine Stadt, die einem Europäerviertel in einem beliebigen Kolonialland gleicht, das im Sommer sirrt von den Moskitos und im Dezember frische Mandarinenschnitze anbietet. Batumi, August 1920.*

Und nochmals, in einem anderen Porträt derselben Stadt, in *Batumi* (1922):

Einen Winter gibt es nicht. Auf Schritt und Tritt begegnet man Mandarinenverkäufern und ungewaschenen Bengeln mit Baklawa- und Gusinaki-Schleckereien.

. . .

Die Dämmerung bricht an, doch Batumi hat keine Lust, sich schlafen zu legen. Auf der Marinskaja bewegt sich bis spät in die Nacht hinein eine kompakte feiertägliche Lawine: man fühlt, daß jeder in dieser Menge »ein Geschäft gemacht« hat und nun die Früchte seiner händlerischen Raffinesse genießt. Hell beleuchtet sind die Verkaufsstände und Toreingänge voller Früchte und dem Wintertrost des Südens – den Mandarinen.**

Der *Wintertrost des Südens* wird bereits farblich mit der zweiten Wärmequelle des Gedichtes in Verbindung gebracht, mit dem *goldenen Mokka*. Auch der Kaffee, vor allem sein Duft, ist für Mandelstam Attribut des Südens, eines orientalischen und türkischen Südens, und die Belege stammen aus denselben autobiographischen Texten von 1922 und 1923. Zunächst *Batumi*:

* Das Rauschen der Zeit, S. 152.
** Das Rauschen der Zeit, S. 134, 139.

Ein Kaffeehaus ist dunkel und voller Zigarettenrauch. Aromatisch und gedehnt steht der Kaffeedampf in der Luft. Im Hintergrund glimmt mit seinen goldenen Bällchen das unverlöschliche Kohlebecken, auf dem in kupfernen Tiegeln vom Wirt höchstpersönlich das göttliche Getränk zubereitet wird. Ein Kellner trägt bis zur Erschöpfung kleine Kaffeetäßchen herüber, die von Gläsern mit kaltem Wasser begleitet werden.*

Und in *Die Menschewiken in Georgien*, im Zusammenhang mit Mandelstams Verhaftung durch die Menschewiken im August 1920:

Ich war ein zerlumpter Sträfling, mit einem aufgerissenen Hosenbein, und ging mit einer gewehrtragenden Wache durch die Spielzeugstraßen, an Kaffeehäusern mit Orchestern und an italienischen Kontoren vorbei. Es duftete nach starkem türkischem Kaffee, Weingeruch wehte aus den Kellern.**

Mandarinen und Kaffee sind die Wärmeboten des Südens, bringen ein Versprechen des Südens ins nördliche Petersburg, ganz im Sinne jenes orakelhaften und magischen Satzes in der Erzählung *Die ägyptische Briefmarke* (1928), der da lautet: *Eine Zitronenscheibe ist eine Fahrkarte nach Sizilien.****

Es ist, als ob Mandelstam im Dezember 1924, kurz vor der Schweigezeit, dem lyrischen Verstummen, in einem Gedicht noch einmal jenes Licht des Südens hätte versammeln wollen, jene Wärmeboten, jenen *Winter-*

* Das Rauschen der Zeit, S. 138.
** Das Rauschen der Zeit, S. 158.
*** Das Rauschen der Zeit, S. 212.

trost des Südens. Eine Jagd nach der Wärme, und sei es nach der *kopflosen letzten*: der Wärme der Tram.

Noch ein Gedicht, ein frühes, das bereits Kaffee und Südfrüchte vereinte, Zitrusfrüchte, doch diesmal in Likörform: Curaçao, der aus den Schalen unreifer Pomeranzen hergestellte Likör (benannt nach der Antilleninsel Curaçao). Und wo geschieht die Begegnung von Kaffee und Curaçao? In einem Petersburger Gedicht des einundzwanzigjährigen Mandelstam, in *American Bar*, einer köstlichen Parodie auf alles weltmännische Gehabe – und anderes mehr. Hier ist der Text:

AMERICAN BAR

Noch keine Mädchen hier zu sehen,
Der Barmann mürrisch, schlecht gelaunt;
Der Geist Amerikas, sein Segen
Hängt scharf da im Zigarrenrauch.

Die Theke glänzt von roten Lacken,
Die Whisky-Soda-Festung reizt:
Wer kennt sie nicht, all diese Marken
Und Etiketten, weitgereist?

Ein goldner Haufen von Bananen
Liegt da für alle Fälle: thront.
Und wächsern die Verkäuferdame –
Steht unerschüttert, wie ein Mond.

Am Anfang streift dich leichte Wehmut,
Bestellst Kaffee und Curaçao.
Dann macht es eine halbe Drehung:
Fortunas Rad, die schlaue Frau!

So plaudere ich, gedämpft die Stimme,
Und klettre auf den Drehstuhl rauf,
Den Hut zurück, den Strohhalm schwingend
Rühr ich im Eis, hör seinen Laut . . .

Das Aug des Wirts: die gelbe Münze,
Die Träumer rempelt es nicht an . . .
Das Licht der Sonne – nie genügt es,
Zu träge der Planeten Bahn!*

Nicht nur weltmännisches Gehabe wird hier fast fil-
misch eingefangen und parodiert. Parodiert wird auch
die Epoche um 1913, die Petersburger Bohème, die
Euphorie der in Künstlerkneipen versammelten Dichter und Maler, der ganze Wirbel um Kneipe, Kunst
und Kabarett im Streunenden Hund (am Petersburger
Michails-Platz Nr. 5, heute: Platz der Künste), eine
Epoche, die Mandelstam auch in einem anderen Gedicht ahnen läßt (hier die erste Strophe):

VOM LEICHTEN LEBEN waren wir halb verrückt,
Schon morgens Wein, und abends Katzenjammer.
Wie läßt sichs nur bewahren: Rot der Wangen,
Du Pest des Rauschs! und wie dein schales Glück?**

* DER STEIN, S. 185.
** DER STEIN, S. 115.

Parodiert wird in *American Bar* auch jenes Zeitalter der Ungeduld, wo man sich durchaus getraute, die Gestirne zu mehr Aktivität und zu schnellerer Gangart aufzufordern: *Das Licht der Sonne – nie genügt es, / Zu träge der Planeten Bahn!* Es war eine Epoche, wo ein Gedichtband des Symbolisten Balmont heißen konnte *Laßt uns sein wie die Sonne* und wo der Elan der Kubofuturisten um Alexej Krutschonych und Welimir Chlebnikow nicht besser hätte formuliert werden können als in der hochgemuten Losung: *Wir wollen die Sterne duzen!*

Mandelstam zeigt auch hier die bizarre Begegnung von Trivialem und Göttlichem: Bananen, Kaffee, Curaçao und – Fortuna, die römische Schicksalsgöttin, die oft auf einem Rad oder einer Kugel stehend dargestellt wurde. Ein Bild für das bewegliche, unberechenbare Schicksal, die Vergänglichkeit aller Euphorie. Aber wieviel Schalk liegt in der Strophe verborgen, in der Mandelstam seiner Fortuna begegnet! Denn das Rad kann sich auch in die andere Richtung drehen. Und wer ist *daran* schuld? Kaffee und Curaçao!

P. S. Orangen, Mandarinen, Bananen – schon recht, aber gibt es bei Mandelstam nicht auch russischere Früchte, sagen wir: Äpfel? In die Nase steigt, im zentralen Gedicht *Der 1. Januar 1924*, einer suggestiven Fahrt durch das nächtliche Moskau, auch dies: der *Ap-*

felduft des Schnees! Und sucht er ein Bild für Ganzheit und Fülle in seinem Eucharistie-Gedicht von 1915, fällt Mandelstam ein: *Als würd in deine Hand die Welt als Apfel rollen.*** Am liebsten aber mag ich die folgende Stelle, die Mandelstam armenischen Märchen abgeschaut hat und die für jeden gilt, der etwas erzählen will, der ein Lied davon singen kann oder symbolische Geburtstagsmähler im Sinn hat:

*Drei Äpfel fielen vom Himmel: der erste für den, der erzählt, der zweite für den, der zugehört, der dritte für den, der verstanden hat.****

Kann es auch zum Kaffee ein kleines Postskriptum geben? Mag jemand lieber Tee? Und noch einmal die unerschöpfliche *Reise nach Armenien* – denn Tee verknüpft Mandelstam mit dem Erlebnis der armenischen Sprache:

Die armenische Sprache – nicht abzunützen, Stiefel aus Stein. Ja, natürlich: das dickwandige Wort, Zwischenlagen von Luft in den Halbvokalen. Doch beruht etwa darauf ihr ganzer Zauber? Nein! Woher kommt denn diese Lockung? Wie läßt sie sich erklären und mit Sinn füllen?

Ich habe die Freude erfahren, die es bedeutet, Laute auszusprechen, die für einen russischen Mund verboten sind, geheimnisvolle, verfemte und in einer bestimmten Tiefe vielleicht sogar beschämende.

* Tristia, Gedichte 1916-1925 (in Vorbereitung).
** Der Stein, S. 163.
*** Die Reise nach Armenien, S. 105.

Herrliches Wasser siedet in einem blechernen Teekessel – und plötzlich wirft man eine Prise wunderbaren Schwarztee hinein. So habe ich die armenische Sprache erlebt.*

* DIE REISE NACH ARMENIEN, S. 100.

PFLAUMENSCHNAPS: REINES STAUNEN

Wenn das kurze Stadtporträt *Kiew* von 1926 vorgeführt werden soll, muß hier ein kleiner Exkurs zu Mandelstams Judentum stehen, seiner komplexen Beziehung zu seinen jüdischen Ursprüngen.

Mandelstam aber auf einen Glauben, auf eine Religion festzulegen, hieße seine Bedeutung schmälern, das wahre Anliegen seines Werkes verkennen: das Anliegen nämlich, sämtliche europäisch-abendländischen Kultur- und Glaubenselemente (Hellas, Rom, Judentum, Christentum) in sich aufzunehmen und sie zu einer poetischen Synthese zu begleiten. Mandelstam trennt sie nicht, sondern vereint sie – zu europäischer Kultur.

Noch 1925, in seinem autobiographischen Buch *Das Rauschen der Zeit*, scheint seine Beziehung zum eigenen Judentum problematisch. In den Kapiteln *Der Bücherschrank* und *Jüdisches Chaos* zeichnet er die von ihm als fremd und bedrohlich empfundene jüdische Welt seines Vaters und seiner Großeltern und setzt ihr als Gegenpol das harmonische, strenge, klassizistische Ideal namens Petersburg entgegen, den Traum Petersburg – im Kapitel *Unruhen und Französinnen*:

*Diese ganze schöne Fata Morgana Petersburgs war nur ein Traum, eine über den Abgrund geworfene glänzende Decke, um mich herum jedoch breitete sich das Chaos des Judentums, keine Heimat, kein Haus, kein Herd, sondern ein Chaos, ein dunkler Schoß, aus dem ich hervorgegangen war, eine unvertraute Welt, die ich fürchtete, die ich verworren ahnte und vor der ich weglief, immerzu weglief.**

Es ist eine Flucht hin zum Russischen, zu Petersburg (ein sehr klassizistisches, italienisches und französisches Rußland), und vor allem zur russischen Sprache, der *klaren und klangvollen russischen Literatursprache* seiner Mutter (sie stammte aus dem Wilnaer Judentum), zu einer Sprache, die zum ersten Mal etwas *Ursprüngliches und Zuversichtliches*** zu vermitteln vermochte.

Gewiß eine Flucht aus dem Jüdischen hin zum Russischen, doch keine blinde Flucht, keine unwiderrufliche. Denn 1929/1930, in seiner zornigen antistalinistischen *Vierten Prosa* wird Mandelstam – als Antwort auf die auch antisemitische Untertöne aufweisende Kampagne gegen ihn – sich sehr deutlich zu seinen jüdischen Ursprüngen bekennen, stolz sein auf den *ehrenvollen Titel eines Juden*, auf ein *Blut, schwergeworden vom Erbe der Schafzüchter, Patriarchen und Könige*.*****

Zwischen diesen Polen, zwischen der Distanznahme in *Das Rauschen der Zeit* (1923 begonnen, 1925 veröffent-

* DAS RAUSCHEN DER ZEIT, S. 23 f.
** DAS RAUSCHEN DER ZEIT, S. 40.
*** DAS RAUSCHEN DER ZEIT, S. 265.

licht) und dem Bekenntnis in der *Vierten Prosa* von
1929/1930 liegen zwei kleine, aber wichtige Texte zum
Verständnis von Mandelstams Judentum: das einfühl-
same Porträt des großen jüdischen Schauspielers *Mi-
choëls** und das aus demselben Jahr 1926 stammende
Stadtporträt *Kiew.*

Mandelstam interessiert sich hier für das Kiew der
»kleinen Leute«, für die kleinen jüdischen Händler und
Handwerker in der Unterstadt, im Podol.

Ich höre ein Gemurmel unter meinen Füßen. Ist es ein Cheder?
*Nein . . . Ein Gebetshaus in einem Keller. Ein gutes Hundert
ehrwürdiger Männer im gestreiften* Tales *haben sich wie Schü-
ler auf die gelben, engen Bänke verteilt. Niemand schenkt ihnen
Aufmerksamkeit. Chagall müßte das sehen!*
. . .
*Da gibt es bucklige, verästelte Durchgangshöfe, unbebautes Ge-
lände und Schneisen mitten durch den Stein, und ein aufmerksamer
Passant, der gegen Abend einen Blick durch ein beliebiges Fenster
wirft, wird das kärgliche Abendmahl einer jüdischen Familie
sehen – auf dem Tisch das* Chala-Brot, Hering und Tee.
. . .
*Ein Straßenbähnchen läuft hinunter zum Podol-Stadtteil. Die
Slobodka und die Turuchanow-Insel sind noch unter Wasser.
Kleinbürgerliches Pfahlbau-Venedig. Den ganzen Prunk der
Oberstadt hat immer der Podol beglichen. Der Podol hat ge-
brannt. Der Podol ist im Wasser versunken. Der Podol ist von
Pogromen verwüstet worden. Man beläßt den Podol in einem
betont schäbigen Stil.***

* GESPRÄCH ÜBER DANTE, Gesammelte Essays II, S. 30.
** DAS RAUSCHEN DER ZEIT, S. 173, 176.

Mandelstams Anliegen ist es, die Zählebigkeit dieser Unterstadt zu zeigen, die trotz Naturkatastrophen und menschlichen Katastrophen unverwüstlich dasteht. Nach dem Porträt des Stadtteils – das Porträt der Person:

Über die flachen Straßen des Podol bin ich ans Ufer des Dnepr gegangen, zum alten Rosiner, dem unglücklichen Teilhaber eines Sägewerks. Dieser Weise mit Familiensinn und Sippenälteste im Holzgeschäft saß auf einem warmen, rauhen Brett. Zu seinen Füßen lagen Sägespäne, zart wie Tauchentenflaum. Er schnupfte eine Prise Holzstaub und sagte dann:

»Dieser Balken ist krank – schwindsüchtig . . . Riecht gesundes Holz etwa so?«

Und als er mich mit seinen gelben Schafsaugen angeschaut hatte, begann er zu weinen, wie ein Baum weint – mit Harztränen.

»Sie wissen ja nicht, was das ist, das Privatkapital! Das Privatkapital ist ein Märtyrer!« Und der Alte bewegte die Arme zur Seite, um Ohnmacht und Hinrichtung des Privatkapitals darzustellen.*

Hier herrscht eine gutmütige, leise Ironie, denn trotz dieses expressiv dargestellten Märtyrertums führt jene jüdische Familie dem Besucher Mandelstam vor, daß das Leben noch möglich sei. Und hier fällt der entscheidende Satz:

Doch es läßt sich noch leben, solange es den kräftigen Rosinenwein gibt, der einen beliebigen Tag ins Osterfest verwandelt,

* DAS RAUSCHEN DER ZEIT, S. 177.

*dann die dicken, klaren Pflaumenschnäpse, deren Geschmack
reines Staunen ist, und die leicht gesalzene Kirschenkonfitüre.* *

Hier wird eine ganze Lebenskunst anhand einiger weniger Spezialitäten illustriert. Daß durch diese Lebenskunst ein beliebiger Tag ins Osterfest verwandelt
werden kann, ist recht eigentlich die Lektion, die Mandelstam aus dem Podol mitnimmt – und die vielleicht
immer schon, unbewußt, ungeahnt, auch seine eigene
war.

Auch die dem Geschmack des Pflaumenschnapses
zugedichtete Qualität sollte einen aufhorchen lassen,
wenn man weiß, wie sehr die Qualität des *reinen Staunens*
ein Grundzug von Mandelstams Poetik war, schon sehr
früh formuliert in dem Manifest *Der Morgen des Akmeis-
mus* (1913):

*Die Fähigkeit zu staunen ist die Haupttugend des Dichters.
Aber wie soll man denn nicht ins Staunen geraten über dieses
fruchtbarste aller Prinzipien – das Prinzip der Identität. Wer
durchdrungen ist von ehrfürchtigem Staunen über dieses Prinzip,
der ist zweifellos ein Dichter. So erhält die Poesie, wenn sie die
Souveränität des Identitätsprinzips anerkennt, ohne Bedingun-
gen und Einschränkungen alles Seiende als Lehnsbesitz auf
Lebenszeit. Die Logik ist das Reich des Unerwarteten. Logisch
denken heißt: unablässig staunen.* **

1926 also werden noch Pflaumenschnäpse gekostet, ein

---

* Das Rauschen der Zeit, S. 177.
** Über den Gesprächspartner, Gesammelte Essays I,
S. 21 f.

alltägliches Osterfest und Reines Staunen gefeiert, und das Leben erscheint »noch möglich«.

Ich erinnere mich aber an zwei weitere Stellen, wo Schnäpse getrunken werden, wo jedoch die Lebensumstände sich bereits verdüstert haben – mit den fortschreitenden Auswirkungen des Stalinschen Totalitarismus. Zunächst ein feiner Kirschlikör, der Cherry Brandy eines Gedichts vom März 1931:

DIR NUR SAG ICH *hier inständig*
Offenheit:
Alles Unsinn, Cherry Brandy,
O Engel mein!

Griechen fanden dort die Schönheit,
Strahlenspur,
Hier für mich – aus schwarzen Höhlen
Qualen nur.

Fuhren Helena weit über
Wellenland,
Wo ich meinem Mund nur trüben
Salzschaum fand.

Meinen Mund bestreicht nun einzig
Leeres Nichts,
Armut zeigt mir höhnisch-reizend
Ihr Gesicht.

Hoppla, weiter, auch mich lockt es –
Alles eins.

> *Engel Mary, trink die Cocktails,*
> *Kipp den Wein!*
>
> *Dir nur sag ich hier inständig*
> *Offenheit:*
> *Alles Unsinn, Cherry Brandy,*
> *O Engel mein!* *

Mit dem Namen der angesprochenen Frau, mit dem Namen Mary läßt Mandelstam eine Gestalt aus Alexander Puschkins Kurzdrama *Ein Gastmahl während der Pest* (1830) auferstehen und signalisiert mit diesem einzigen Namen, daß auch sein »Trinklied«, sein Gedicht *während der Pest* geschaffen wurde. Und es ist nicht lange darüber zu rätseln, woran er nach den 1928 einsetzenden Verfolgungen gedacht haben könnte. Der zitierte Text ist ein Gedicht während der Pest des Stalinismus. Neben dem Namen Mary erscheinen Dinge im Gedicht (Schmach, salziger Schaum auf den Lippen, Leere, Armut), die dem Leser durchaus nahelegen, sich von der Fröhlichkeit dieses Trinkliedes nicht über das Elend der genannten Befunde hinwegtäuschen zu lassen.

Nur wenig später, in einem Gedicht vom Mai 1931 mit dem Titel *Mitternacht in Moskau*, ist »Mary« zu »Nadeschda« geworden. Mandelstams Frau ist hier angesprochen, und das gemeinsam Getrunkene ist weit von jenem ersten Pflaumenschnaps entfernt:

---

* MITTERNACHT IN MOSKAU, S. 55.

Schluß! Kein Gebettel, kein Lamento! Still jetzt!
Haben dafür denn die klugen Habenichtse
Sich die Stiefelsohlen abgelaufen, daß ich sie nun hier
verrate?
Wir werden sterben, wie das Fußvolk stirbt,
Doch nicht ein Lobeswort für Raub und Unfreiheit und
Lüge!
Und das Spinnengewebe des Schottenplaids, das uns
noch bleibt –
Nimm es als Flagge und decke mich zu, wenn ich sterbe.
Trinken wir, Freundin, auf unseren
Gerstenkorn-Kummer!
*Trinken wir aus!**

Die Passage ist voller Vorahnung und Vorausnahme
dessen, was noch kommen sollte. Nur daß Mandelstams
Frau ihn nicht mehr zudecken konnte, denn zwischen
Moskau und dem Transitlager Wtoraja Retschka bei
Wladiwostok lagen Tausende von Kilometern; und
wenn Nadeschda Mandelstams Memoiren, die deutsch
unter den Titeln *Das Jahrhundert der Wölfe* und *Genera-
tion ohne Tränen*** erschienen sind, jener alte Schotten-
plaid wären, mit dem sein Leichnam bedeckt werden
sollte?

Mit Nadeschda hatte Mandelstam bereits Brot in
einer Moskauer Küche geteilt und eine Nußtorte in
einem Tifliser Hotel: hier nun ist es nicht mehr der
Pflaumenschnaps des reinen Staunens, sondern bitterer

* MITTERNACHT IN MOSKAU, S. 79.
** S. Fischer Verlag 1971 bzw. 1975.

116

– Gerstenschnaps, der mit dem Kummer selber assoziiert ist. *Trinken wir auf unseren Gerstenkorn-Kummer!* heißt auch: Trinken wir unseren Kummer.

Trinken wir aus!

KEIN MEIN DEIN

Doch unser Festessen soll nicht mit einem bitteren Gerstenschnaps zu Ende gehen, denn auf diesen paar Seiten wollte ein Geburtstag, nicht ein Todestag begangen werden.

Bitte schauen Sie sich einmal das Foto auf dem Buchumschlag oder das Frontispiz an. Mir ist lange nicht klargeworden, weshalb mich das Bild beschäftigte und eigenartig berührte. Es ist ein komplettes Sinnbild für Mandelstams Leben und Werk. Ein visionäres Bild, vermutlich um 1910 oder 1911 entstanden, noch vor seinem ersten Gedichtbuch und vor seinem ersten veröffentlichten Essay von 1913. In der linken Hand ein Spielzeugschiff, das Symbol für die Lebensschiffahrt, die Klippen und Katastrophen einer Existenz, den schließlichen Schiffbruch; in der rechten Hand eine Flasche, das Symbol für die Überwindung des Schiffbruchs – nicht im Sinne einer Flucht in Betäubung und Scheintrost, sondern als Behältnis für eine Botschaft, ganz im Sinne von Mandelstams erstem veröffentlichten Essay *Über den Gesprächspartner* von 1913:

Ein Seefahrer wirft im kritischen Augenblick eine versiegelte

Flasche mit seinem Namen und der Aufzeichnung seines Schick-
sals in die Fluten des Ozeans. Viele Jahre später streife ich
durch die Dünen und finde sie im Sand, lese den Brief, erfahre
das Datum des Ereignisses und den letzten Willen des Umge-
kommenen. Ich hatte ein Recht dazu, habe keinen fremden Brief
aufgemacht. Der Brief in der Flasche ist an denjenigen adres-
siert, der sie findet. Ich habe sie gefunden. Dies bedeutet, daß ich
auch der heimliche Adressat bin.

[. . .] und ein Gefühl des Providentiellen überkommt den, der
sie gefunden hat. Die vom Seefahrer in die Wellen geworfene
Flaschenpost und das [. . .] ausgesandte Gedicht haben zwei
klar zum Ausdruck kommende Momente gemeinsam. Der Brief,
genau wie das Gedicht, ist an niemand Bestimmten gerichtet.
Dennoch haben beide einen Adressaten: der Brief nämlich den,
der die Flasche zufällig im Sand entdeckt, das Gedicht aber den
»Leser in der Nachwelt«.*

In der linken Hand den Schiffbruch, das Tragische einer Existenz, in der rechten die Botschaft in der Flasche, die Überwindung des Todes und der Zeit. Und
zwischen Schiffbruch und Botschaft – das Meer.

Am Schluß unseres Geburtstagsmahls soll ein Kreta-
Gedicht stehen, samt seinem Meer und dem einge-
schriebenen Thema des Essens und Trinkens. Es ist das
Kreta-Gedicht eines Dichters, der Kreta nie gesehen
hat. Aber ein paar bescheidene Töpfe und Krüge im
Woronescher Museum haben ihm genügt, um gegen
das Ende seiner Verbannungszeit, im März 1937 dieses

---

* Über den Gesprächspartner, Gesammelte Essays I,
S. 9 f.

Gedicht zu schreiben, den Abschied von der Antike, von Kreta, vom Mittelmeerraum als dem Ursprung Europas:

> BLAUES TÖPFERREICH, *Insel der Kreter –*
> *Ihre Gabe, die buken sie hier*
> *In die klingende Erde. Und hörst du ihn treten,*
> *Ihren Delphin-Flossenschlag tief unter dir?*
>
> *Dieses Meer fließt so leicht ins Gedächtnis,*
> *In den Lehm, den das Brennen erfreut;*
> *Das Gefäß, seine kühlenden Mächte –*
> *Auf das Meer und das Auge zerteilt.*
>
> *Gib zurück mir mein Werk, du mein gutes*
> *Blaues Kreta, das Flügel da trug –*
> *Und die Brust einer Gottheit des Flutens*
> *Tränke nun diesen brennenden Krug.*
>
> *All dies war ein Gesang und war Bläue*
> *Vor Odysseus – und lang vor der Pein,*
> *Da man Speisen und Trank einen neuen,*
> *Diesen Namen erfand: »mein« und »dein«.*
>
> *Nun gesunde doch, strahl schon, und rufe –*
> *Himmelsstern, du stehst ochsäugig da –*
> *Und ein fliegender Fisch ist der Zufall,*
> *Und das Wasser spricht ein Wort nur: Ja.**

Mandelstam geht hier weit zurück, bis auf die Ursprünge der europäischen Kultur. Gefeiert wird das

---

* SCHWARZERDE, S. 135.

minoische Kreta, die Zeit von 3000 bis 1200 v. Chr.,
vor der Ankunft der Griechen. Benannt ist diese Perio-
de nach dem kretischen Sagenkönig Minos, und hier
darf man auch nach dem Namen seiner Mutter fragen.
Sie hieß *Europa*, es war die zarte Europa, die Zeus nach
dem Mythos in Stiergestalt durch die Wellen des Mit-
telmeers nach Kreta entführte.

Kretas Gabe sind jene Töpfe, auf denen ornamentale
Delphine springen, und deren *Flossenschlag* ist es, den
Mandelstam noch 1937 in Woronesch spürt. Hier
schließt sich ein Kreis in Mandelstams Werk: schon in
einem seiner frühesten Gedichte (1909) erscheint der
Delphin als Bild für die Seele (in der mykenischen und
griechisch-römischen Mythologie galt der Delphin als
Seelenführer, der die Seelen Verstorbener sicher ins
Totenreich geleitete):

> NICHT EIN WORT *ist zu verlieren,*
> *Nichts zu lehren weit und breit –*
> *Schön die Seele, Trauer spürend*
> *Tier ist sie und Dunkelheit:*
>
> *Keine Lehre will sie ziehn,*
> *Nicht ein Wort, das sie behält –*
> *Jung durchschwimmt sie, ein Delphin*
> *Weiße Schluchten alter Welt.**

* DER STEIN, S. 27.

Wie der Krug mit seinem Delphin-Ornament identifi-
ziert wird, in es übergeht, so wird er in der zweiten
Strophe zum *Gedächtnis* des Dichters selbst – denn was
wäre dieses *Gefäß* anderes als der Kopf des Erinnern-
den? Das Meer fließt in dieses Gedächtnis, die ganze
europäische Kultur, deren Ursprungsort Mandelstam
immer im Mittelmeerraum gesehen hat. Diese Töpfe in
einem bescheidenen Museum haben sie zurückge-
bracht, die Weite des Meeres – die er zwei Jahre zuvor,
in einem Gedicht vom April 1935, das seine unter Be-
wachung erfolgte Fahrt in die Verbannung schildert,
schmerzlich vermißt hatte:

> *Nur ein Stück blaues Meer möcht ich nun, nur ein*
> *Nadelöhr Meer,*
> *Daß die Zeit der Bewachung mit vollerem Segelwerk fährt.*
> *. . .*
> *Junge Freunde von Milchzahngedichten, hört her:*
> *Nur ein Stück blaues Meer möcht ich nun, nur ein*
> *Nadelöhr Meer!**

Daß nur schon ein *Nadelöhr* an Meer, Weite und Freiheit dem verbannten Mandelstam hätte Erfüllung be-
deuten können, zeigt dem Leser mit verhaltener Deut-
lichkeit, wie sehr jenes Element abwesend sein mußte.
Das Kreta-Gedicht aber atmet Fülle: *Dieses Meer fließt*
so leicht ins Gedächtnis. . .

* SCHWARZERDE, S. 29.

123

Mandelstam will – in der dritten Strophe – sein Werk vom Werk Kretas abhängig sehen, es von ihm herleiten, die Verbindung zu ihm offenlegen: *Gib zurück mir mein Werk...*

Die wichtigste zeitliche Situierung findet sich in der vierten Strophe. Lange vor Odysseus (lange vor Homer, dem Anfang der abendländischen Literatur, im 8./9. Jahrhundert vor Christus) und lange vor einem bedeutsamen Namenswechsel durch Besitzanzeige: »mein« und »dein« – für Speise und Trank!

Mandelstam träumt sich hier zurück in den urtümlichsten aller Kommunismen, den gemeinsamen freien Genuß dessen, was an Essen und Trinken vorhanden sein kann. Zurück in die Möglichkeit freien und großzügigen Teilens ohne Rücksicht auf Besitz. Der Bereich des Essens und Trinkens wird hier von Mandelstam geradezu als *der* freie Bereich gewürdigt, wo dieses Teilen möglich war und – in poetischer Utopie – noch immer möglich sein sollte. Mandelstams Strophe ist Aufforderung, Essen und Trinken zu teilen, und wenn er – wie alle Seiten des vorliegenden Essays zeigen wollten – in seinem Werk beständig das Poetische und für ihn Wesentliche mit Bildern von Speise und Trank bezeichnet hat, so gilt diese Aufforderung auch für seine Poesie. Aufforderung, diese Poesie freundschaftlich zu teilen, weiterzugeben, großzügig hinzuschenken, wem immer man sie schenken möchte. Sie zu genießen, ohne sie besitzen zu wollen.

Was diese Poesie bewirken kann und bewirken soll, ist in der letzten Strophe gesagt, und es gültiger zu sagen, dürfte schwierig sein. Zunächst Imperative, energische Aufforderung, zu *gesunden* und zu *strahlen*. Die Sterne, von Mandelstam sonst nur feindselig und mißtrauisch behandelt, werden hier für einmal mit animalischer Wärme bedacht, sie bekommen das für die Göttermutter Hera (und andere archaische Fruchtbarkeitsgöttinnen) geltende Beiwort *kuhäugig* (der Stern ist im Russischen weiblichen Geschlechts). Gesundung und animalische Wärme für jeden!

Ein fliegender Fisch bringt das Prinzip des Zufalls ins Gedicht, das Unerwartete, Aufspringende und in seinem Wesen Poetische, den Glücksfall, den befreienden Sprung, die geglückte Formulierung.

Der allerletzte Vers spricht nur noch die Sprache des Wassers, und die Universalsprache der Poesie, von der so manche moderne Dichter von Rimbaud bis Mandelstam geträumt haben, ist ganz plötzlich gefunden. Sie besteht aus *einem* Wort.

Folgende Speisen und Getränke
finden in diesem Buch Erwähnung

Kleine Liste der Mittafelnden

MENÜ · INHALT

Ossip Mandelstam im Ammann Verlag
Aus dem Russischen übertragen und herausgegeben von Ralph Dutli

Das Rauschen der Zeit
Gesammelte »autobiographische« Prosa
der 20er Jahre

Mitternacht in Moskau
Die Moskauer Hefte. Gedichte 1930-1934
Russisch und deutsch

Der Stein
Frühe Gedichte 1908-1915
Russisch und deutsch

Über den Gesprächspartner
Gesammelte Essays I: 1913-1924

Gespräch über Dante
Gesammelte Essays II: 1925-1935

In Vorbereitung

Tristia
Gedichte 1916-1925
Russisch und deutsch

Über Ossip Mandelstam

Im Luftgrab
Ein Lesebuch, herausgegeben von Ralph Dutli,
mit Beiträgen von Paul Celan (Erstdruck), Pier Paolo Pasolini,
Philippe Jaccottet und Joseph Brodsky

Ralph Dutli
**Ossip Mandelstam – »Als riefe man mich bei
meinem Namen«.** Dialog mit Frankreich.
Ein Essay über Dichtung und Kultur